El Gran Diseño y Dios

¿Necesitan Stephen Hawking y su multiverso a Dios?

Matías Libedinsky

© BN Publishing
Fax: 1 (815)6428329
Contact Us: info@bnpublishing.net
www.bnpublishing.net
Diseño y diagramación: K.S
Diseño Portada: J.N.

INDICE

Reseña del autor

El Rabino y M.S. en Física, Matías Libedinsky nació en Santiago de Chile en 1976 y desde pequeño mostró un particular interés por los temas científicos más variados. Durante su época escolar ganó una gran cantidad de medallas en Olimpiadas de Matemáticas y Física, tanto en su país como a nivel internacional. En la prueba de ingreso a la universidad, obtuvo los máximos puntajes de su generación. En 1998 se tituló como Licenciado en Física en la Universidad de Chile y es durante su época universitaria que pasa de un agnosticismo rondante en el ateísmo, a concebir una visión espiritual del mundo.

Luego viajó a EEUU donde en el año 2000 obtuvo un M.S. en Física en el California Institute of Technology, Caltech.

Libedinsky comenzó su educación judía formal, estudiando en la Yeshivá (Centro de Estudios Rabínicos) Darche Noam, en Jerusalén, donde estudió desde el año 2000 hasta el 2002. Durante ese período se casó con Jana, con quien tiene actualmente cuatro hijas. Prosiguió sus estudios judaicos en el Kolel de la Yeshiva Beis Israel dirigido por Rab Noson Weisz, desde 2002 hasta 2006. Luego regresa a Chile para formar, junto con un grupo de rabinos, la institución Morashá, actualmente la más exitosa entidad dedicada a enseñar judaísmo a jóvenes en edad universitaria.

Prólogo

Estaba terminando de escribir "Multi-Universos, Evolución y Dios", cuando Stephen Hawking y Leonard Mlodinow publicaron "The Grand Design" (El Gran Diseño)[1], en el que tratan algunos de los temas de mi libro, y mi editor sugirió preparar un texto especial enfocado en el argumento de los multiversos, uno de los aspectos principales de la obra de Hawking y Mlodinow.

Para el lego resulta muy poco claro qué plantean Hawking-Mlodinow. Por ejemplo, la revista Times[2], una de las primeras en comentar el libro, dice que "una nueva serie de teorías transforma a un creador del universo en innecesario". ¿No fue Dios siempre innecesario para las explicaciones científicas[3]?. ¿Por qué se necesita un nuevo conjunto de teorías que lo hagan, ahora sí, innecesario?.

¿Está Hawking negando la existencia de Dios?. ¿Se puede con teorías científicas negar la existencia de Dios?. ¿Acaso ciencia y religión realmente se tocan[4]?.

La verdad es que grandes autores han tratado el mismo tema[5], pero Hawking, dada su fama mediática, ha logrado mucha difusión.

La relación de Hawking con Dios es muy interesante, no solo por su enfermedad, su primera esposa —Jane Wilde, una mujer de profundas convicciones religiosas— o por sus permanentes coqueteos con frases mencionando a Dios[6], sino que, por sobre todo, por haber sido la persona, junto a Roger Penrose[7], que demostrara que, dadas las ecuaciones de Einstein, el universo requiere haber sido originado en un Big-Bang.

En su libro "Agujeros negros y pequeños universos y otros ensayos", editado en 1993, dice: "La ciencia podría afirmar que el universo tenía que haber conocido un comienzo (...). A muchos científicos no les agradó la idea de que el universo hubiese tenido un principio, un momento de creación". Antes de conocerse los teoremas de Hawking y Penrose, los físicos en general intentaban escaparse de la necesidad de un inicio.

Por ejemplo, Robert Dicke, famoso físico americano de mediados del siglo XX, advocaba un universo infinito en el tiempo y oscilante, en el sentido de que explotaba y se volvía a contraer en un Big-Crunch, y luego volvía a explotar, y así eternamente. Afirmó en 1965 que un universo infinito "nos aliviaría de la necesidad de entender el origen de la materia en un tiempo finito en el pasado".

Cuando preguntaron a Arno Penzias, el descubridor de la radiación de fondo del universo y Premio Nobel de Física en 1978, por qué ciertos cosmólogos eran tan apasionados en su apoyo a la teoría de que el universo es infinitamente viejo, respondió: "Algunos se sienten incómodos con un mundo creado con propósito. Para pensar en cosas que puedan contradecir (un universo con) propósito, tienden a especular sobre cosas que no han visto" (Brian, 1995).

En el capítulo 6 de su libro, Hawking dice: "Si el tiempo tiene un inicio, entonces alguien (Dios) tiene que haber puesto en marcha el tren".

Vemos entonces que Hawking tiene un rol preponderante en ser el que, con su teorema, cierra la duda de si hubo o no un Big-Bang. Pero eso Hawking lo ve como un gran problema, ya que decir que hubo un Creador es, desde su punto de vista, al menos problemático, si queremos decirlo con suavidad.

Este es el primer problema que Hawking intenta resolver en su libro, la existencia de un Big-Bang, que parece ser un argumento a favor de la existencia de Dios[8].

Pero a esto se sumó otro problema. El capítulo 7 de "El Gran Diseño" explica cómo los científicos descubrieron que las leyes de la naturaleza y las constantes universales[9] parecían diseñadas para permitir la vida.

Fred Hoyle (1915-2001), astrofísico británico, aparece citado diciendo: "No creo que ningún científico que haya examinado la evidencia pueda dejar de deducir que las leyes de la física nuclear han sido deliberadamente diseñadas...". Hawking mismo dice: "nuestro universo y sus leyes parecen tener un diseño que es específico para sustentarnos y al mismo tiempo deja poco espacio para ser alterado. Esto no es fácil de explicar... a mucha gente le gustaría usar estas coincidencias como evidencia de la obra de Dios."

Hawking decidió atacar ambos argumentos a favor de la existencia de Dios en su reciente libro.

Estos temas los discutiré a lo largo de este trabajo. De esta manera espero que el lector pueda comprender con más profundidad los distintos argumentos que se están utilizando en esta batalla teológica moderna.

Agradecimientos

He descubierto que escribir un libro es difícil y toma mucho tiempo y dedicación. Por lo tanto, realmente corresponde agradecer profundamente a la gente que estimuló y ayudó a que este libro saliera a la luz.

Primero quería agradecer a mi padre, quién hizo un exquisito trabajo de edición, con todo el amor, estilo y habilidad que siempre lo han caracterizado. A mi querida madre, quien me ha ayudado mejorando el texto y preocupándose de que quede de la mejor calidad, algo en lo que tiene mucha experiencia, con todo el cariño y la dulzura que la caracterizan. Siguiendo con la edición, Aramis Quinteros hizo un trabajo notable, editando la primera versión en la que iba a salir este libro y dando muy buenas indicaciones para hacer más claras las ideas. Mi hermano Sebastián también ayudó mucho, detectando lo mejor que se podía los párrafos oscuros y ayudándome a escribirlos de forma más pedagógica.

También quería agradecer a don Luciano Cohen y familia, a quién inmediatamente le gustó el proyecto y ayudó a que se pudiera realizar en forma profesional, con toda la energía que le pone a sus cosas. A Rav Uri Trajtmann y a Rav Yoram Rovner, amigos de años y los encargados de la publicación, que aparte presionaron como nadie para que terminara de una vez el manuscrito.

Deseo agradecer a mi señora, Jana, que tanto me ayudó, apoyó y aconsejó para que este libro fuera mucho mejor de lo que iba a ser. Siempre mi mejor crítica.

Y por último, agradecer a Dios, quien me ha permitido y dado las fuerzas para llegar a este momento.

Gracias quiero dar al divino Laberinto de los efectos y de las causas

Por la diversidad de las criaturas que forman este singular universo

Por la razón, que no cesará de soñar con un plano del laberinto

Por el rostro de Elena y la perseverancia de Ulises,

Por el amor, que nos deja ver a los otros como los ve la divinidad,

Por el firme diamante y el agua suelta,

Por el álgebra, palacio de precisos cristales,

Por las místicas monedas de Ángel Silesio,

Por Schopenhauer, que acaso descifró el universo,

Por el fulgor del fuego,

Que ningún ser humano puede mirar sin un asombro antiguo

Jorge Luis Borges

Las Bases: una introducción a las ideas del Argumento del Diseño.

Déjame contarte una breve historia de cómo ha sido la evolución de la problemática de argumentos por la existencia de Dios a través de nuestra historia. Y voy a valerme de una imagen: una máquina de hacer pan y unos marcianos...

Llegan un día unos marcianos a la Tierra y encuentran un pan botado en medio de un campo de trigo. Se lo llevan de regreso a Marte y se desarrolla una gran discusión: ¿fue hecho ese pan por seres inteligentes?

Surgen dos partidos. Los *marcialigiosos* dicen que el pan sin duda alguna está hecho por seres inteligentes. A estos seres inteligentes les comienzan a llamar: "humanos". Los *marciarialistas* dicen que el pan es el resultado de un proceso exclusivamente natural. No vieron humanos de ningún tipo en su viaje a la Tierra, sólo animales muy primitivos. ¿Y cómo se explica ese pan?. Lo explican así: en un campo de millones de plantas de trigo, éstas con el tiempo van botando más y más trigo; el viento va acumulando ese trigo por aquí y por allá; las rocas que caen por las laderas de las montañas circundantes lo va moliendo; esas masas molidas se mezclan con el agua de lluvia y, finalmente, el sol las va horneando. Y se hace el pan.

Los *marcialigiosos* observan algo que pone un poco incómodos a los *marciarialistas*: si la teoría de éstos fuera cierta, deberían existir acumulaciones notables de trigo molido y mojado. Pero no existen.

Los *marciarialistas* responden creativamente que el trigo molido y mojado se pudre rápidamente; que sólo si se dan condiciones muy especiales, y el pan se hornea, puede durar por mucho tiempo, y de ahí que no se encuentren restos del proceso intermedio.

Así partió también entre nosotros el argumento del diseño. Originalmente la vida era evidencia muy fuerte de que había un Diseñador[10]. Luego los materialistas explicaron el proceso de la evolución, en que proponen como de a poco se va generando en forma aleatoria toda la complejidad que se ve en la vida.

La vida sigue un admirable orden. La cooperación biológica es magnífica, con los distintos sistemas fisiológicos jugando en armonía para el correcto funcionamiento del todo. La sangre da a cada célula lo que necesita, y retira los desechos metabólicos.

Cuando una abeja encuentra alimento, para transmitir la información al resto de su panal, realiza algo que se conoce como la danza de las abejas, en la que pareciera que está bailando, y de esa bella forma transmite al panal la posición exacta del alimento... ¿Es acaso esta danza sólo un mecanismo fundamental en la lucha por la supervivencia? ¿No es también una más entre las tantas maravillas que forman nuestro mundo?

La evolución intenta explicar cómo se desarrollan esos fenómenos. ¿Hay algo que realmente se escape de la evolución, o todo esto del Argumento del Diseño es sólo fruto de personas que quieren ver lo que en verdad no hay, que buscan sentido en un mundo sin sentido, personas sumidas quizás en el miedo del gran vacío materialista? ¿Se engaña la mente acaso, creyendo descubrir diseño en la cordillera de montañas cuya imponente altura y belleza parece recordarnos que somos como hormigas en el Universo? Sabemos sin embargo que un mecanismo natural y *ciego* podría llevar a la formación de esas montañas.

Miremos una manzana: un hermoso fruto, lleno de nutrientes, con un envase que avisa si está echado a perder... ¿Puede el hombre ver a Dios en una manzana? No obstante conocemos los mecanismos biológicos que la originan, la evolución de la que ha resultado, y los conocemos de manera científica, natural, sin necesidad de un Dios que lo explique. Pero entonces, y a pesar de todo, ¿podemos ver en alguna parte un diseño? ¿O es que, en nuestra época, tal cosa no es ya concebible para nosotros, y la evolución reemplazó esta forma de ver a Dios?

El libro que presentamos al lector quiere proponer una nueva visión y comprensión del argumento del diseño, de forma tal que pueda ver que también la evolución, según se la expone hoy en día, en realidad no debilita, sino que complementa y refuerza, al célebre y antiguo argumento. Y creemos necesario hacerlo porque la discusión acerca de estos temas ha tomado formas a nuestro juicio equivocadas, en una batalla innecesaria entre ciencia y creacionismo, donde creacionismo se entiende por aquella doctrina que cree que Dios tuvo que meter la mano en la naturaleza y crear Él mismo los seres vivientes. Nosotros propondremos que el argumento del diseño no necesita del creacionismo, sino que es un argumento mucho más poderoso que eso. Pero antes, expliquemos en más detalle en qué consiste el argumento del diseño.

Todos estarían de acuerdo en que la complejidad y exactitud de nuestro Universo, sin contar otros factores, es buena evidencia de que debe existir un diseñador. La forma clásica[11] de poner el argumento es preguntar qué pasaría si estás caminando por la playa y encuentras un reloj en la arena. ¿Pensarías que las olas, golpeando la arena y revolviéndola durante millones de millones de años, crearon por azar el reloj? No, lo racional, claramente, es pensar que un hombre lo hizo.

De la misma forma, ante la maravillosa complejidad del ser humano, su cerebro, sus células… ante toda la naturaleza, lo más racional es pensar que todo y cada cosa, como el reloj, tiene un Creador.

Sólo hay un problema: si es igualmente posible que el mundo sea como es —con vida, humanos, arte, filosofía, teología…— sin necesidad de un Creador, entonces esa apariencia de diseño no constituye una evidencia. Y de hecho, gracias al avance de la ciencia sabemos que leyes naturales, ciegas, sin propósito, podrían haber creado toda esta belleza, obviando la necesidad de un Creador.

¿Cómo se pudo haber creado todo sin un Creador? Según Darwin, al argumento del reloj le falla algo: el reloj no se reproduce. Pero supongamos que encontramos un reloj que se reproduce, y que además no se reproduce exactamente igual cada vez, sino que va cambiando aleatoria y lentamente, como nosotros... podríamos sospechar entonces que en realidad todo partió de cosas muy básicas, y que de a poco evolucionó hasta lo que vemos ahora.

Tenemos entonces dos opciones: todo fue creado por Dios, o evolucionó.

En realidad tenemos que definir mejor nuestros conceptos para evitar otras confusiones. Y la confusión puede surgir, puesto que Dios podría haber creado el mundo de forma evolutiva —unos animales primero, otros después, etc.

El Argumento de la Evolución se presenta como alternativa filosófica para explicar la complejidad de este Universo. Ahora bien, es necesario diferenciar entre dicho argumento, por una parte, y por otra, los hallazgos de fósiles que van progresivamente desde organismos unicelulares hasta los más complejos, documentando así el fenómeno reconocido como el Hecho de la Evolución. Pero el nombre de "Argumento de la Evolución" puede oscurecer esa diferencia e inducir a error, ya que parecería que el Hecho de la Evolución y el referido argumento son lo mismo. Por conveniencia, entonces, vamos aquí a rebautizar este último: lo llamaremos, para diferenciar mejor ambos conceptos, Materialismo Evolutivo.

Resumiendo, tenemos que la complejidad de la vida de este Universo puede explicarse filosóficamente mediante dos teorías alternativas: Dios, o Materialismo Evolutivo.

En nuestro acercamiento, no pretenderemos descubrir una guía o mano oculta que manipule la aleatoriedad en la evolución; por el contrario, asumiremos que hay una total aleatoriedad en los cambios evolutivos, y con esto nos desviaremos marcadamente del modo en que otros autores quieren resolver este problema[12]. Es decir, no pretendemos que la inteligencia Divina guíe el sistema de pequeños errores reproductivos con los que la evolución se desenvuelve, y de hecho, creemos que nuestro argumento es aceptable para cualquier biólogo de esta época.

Ciertamente, si logramos utilizar el argumento del diseño para probar la existencia de un Creador, cabe considerar Su intervención a voluntad en los distintos procesos naturales; pero, en todo caso, argumentaremos dicha existencia a partir de la visión más común de la evolución, con cambios puramente aleatorios.

Vamos a subrayar la diferencia con otras visiones de cómo solucionar este problema. Veamos por ejemplo el movimiento del "Diseño Inteligente"[13], liderado por el Instituto Discovery, que ha adquirido en Estados Unidos muchos adeptos y marcada notoriedad. Según dicho movimiento, hay ciertas partes de la célula que no pudieron formarse por evolución[14], y que por lo tanto demostrarían la existencia de una necesidad de una creación directa por un ser inteligente.

Esto, como vimos, se llama Creacionismo. Y este es un punto muy importante de nuestro argumento, que corresponde repetir para evitar malentendidos: no estamos argumentando por el creacionismo, en el sentido de decir que Dios tuvo que intervenir y crear directamente a los seres vivos rompiendo las reglas de la Naturaleza. Ese no es nuestro argumento. Queremos demostrar diseño, que es un concepto similar en sus consecuencias de que un diseñador inteligente existe pero distinto en el sentido de que este diseñador pudo haber creado las cosas a través de la evolución.

En resumen, el argumento de los creacionistas es que Dios existe porque la evolución no es verdadera, lo cual obviamente molesta a cierta parte de la comunidad científica. El argumento que desarrollaremos en estas páginas transforma el esfuerzo creacionista en innecesario: incluso con la visión más tradicional de la evolución, el Argumento del Diseño se sostendrá en todo su esplendor. Y aun asumiendo que toda la cosmovisión de un biólogo ateo moderno sea cierta —salvo la idea de que Dios no existe—como por ejemplo que la evolución es absolutamente aleatoria en el sentido de que no apunta a más complejidad, y asumiendo que explica todos los fenómenos naturales, el Argumento del Diseño sigue siendo un buen argumento.

Y dado que este es fácilmente comprensible de manera intuitiva, el lector podrá, al final del libro, pensar en términos de evolución y al mismo tiempo ver en todo, intuitivamente, un diseño. Pero antes de llegar al argumento, sigamos con lo que está pasando en Marte.

Con el tiempo, en Marte empiezan a ver que a pesar de que es cierto de que podría ser que este pan se horneara en forma absolutamente natural, de todas maneras aún deben pasar muchas cosas que parecen desmentir la posibilidad de que sea tan aleatorio el fenómeno. Por ejemplo, deben haber grandes acumulaciones, solamente de trigo, en una extensión grande de terreno. Si no, esperaríamos encontrar en los panes restos de otros tipos de semilla, y lo natural es que hayan varios tipos de plantas en un lugar. Segundo, es raro que justo caiga en los hoyos naturales donde se hornea el trigo sólo trigo perfectamente molido. Esperaríamos que cayera trigo con distintos grados de molienda, ya que son las rocas cayendo las que lo van moliendo. Y muchos otros fenómenos que hacen muy sospechoso el que el pan realmente se haya hecho de forma puramente aleatoria.

Los *marciarialistas* se ponen nerviosos, pero se les ocurre una idea para solucionar el problema. ¿Qué pasaría si existiera una "máquina de hacer pan"?. Y se ponen a pensar en cómo sería una y logran construirla teóricamente, en forma natural.

Los *marciarialistas* están felices. Queda claramente demostrado que no hay ningún diseñador del pan, sino que sólo se necesitaría un artefacto natural que lo produjera. Sólo hay que sorprenderse por la belleza de la naturaleza que contiene estas impresionante máquinas de hacer pan.

Los *marcialigiosos* quedan algo aturdidos. Pero luego se van dando cuenta de que lo mismo que ellos decían del pan, se aplica a esta "máquina" teórica que encontraron. La máquina también da grandes muestras de estar diseñada, de ser una creación inteligente.

En nuestro paralelo, tenemos que con el tiempo se empezó a descubrir que las leyes de la naturaleza mostraban una muy exquisita exactitud para permitir la existencia de estructuras y vida. Durante el siglo XX se fueron descubriendo uno y otro factor que hacía pensar que había algo raro con las leyes.

Pero el campo materialista reaccionó, en especial en este libro de Hawking, y se plantea que para explicar o entender el hecho de que las leyes naturales de nuestro universo parecen diseñadas, se requiere inventar una máquina de hacer universos. Cada universo creado poseerá diferentes leyes naturales—esta fábrica no hace el mismo tipo de universo, ¡no!. Eso no sería suficiente. Cada universo que genera es diferente. En uno no hay leyes de electromagnetismo. En otro no hay gravedad. En otro la gravedad es mucho más fuerte. Y así. Entonces, el argumento es que en alguno van a existir condiciones y leyes precisas para que pueda haber vida.

Uno de los argumentos que defiendo en este libro es que esta máquina de universos, incluso si llegara a probarse su existencia, sería una maravilla aún mayor. De la misma forma que una máquina de hacer panes no resuelve el problema del pan, tampoco una súper máquina de hacer universos con distintas leyes naturales resuelve el problema. Pero eso dejémoslo para los capítulos de más adelante.

Volvamos a Marte.

Los *marciarialistas* les objetan dos cosas a los marcialigiosos:

Primero, que no es científico apelar a una inteligencia que no sea la que todos conocen, es decir la de los marcianos.

Segundo —aquí van un poco más a fondo—, que apelar a un diseñador plantea la necesidad de un diseñador del diseñador. Y por tanto, no hay nada demostrado.

No obstante ese segundo argumento, los marcialigiosos responden que eso no impide admirarse de la precisión con que está hecha la máquina, como evidencia de la existencia de una inteligencia capaz de diseñarla. En cuanto al origen o la creación de esa otra inteligencia, es cosa que se verá en su momento; pero, ante todo, insisten en que esa máquina está gritando que es una creación inteligente. Con respecto al primer problema, ni siquiera lo comentan, no vale la pena[15].

Por su parte los *maciarialistas* insisten en que no. Dicen que esa supuesta construcción inteligente es una falacia que se puede explicar de otra forma, con su máquina de hacer panes. En el caso nuestro, con la máquina de hacer universos.

Los *marcialigiosos* responden con un nuevo argumento. Todos estamos de acuerdo que lo más racional es que no existen los unicornios voladores, ya que nadie ha visto uno. Ahora, digamos que alguien cree que sí existen. Ellos podrían aducir que el hecho de que nadie haya visto alguno, se debe a que éstos no salen de sus cuevas, pues los humanos los asustan.

El error de los creyentes en unicornios es que confunden demostración con evidencia. Es cierto que el que nunca nadie haya visto un unicornio no significa en forma definitiva que no existan. Podría ser que fuera el único animal grande que fuera tan inteligente, tan asustadizo y tan hábil que nunca un humano lo hubiera visto. Pero la probabilidad de eso es muy baja en comparación con la probabilidad de que si existiera un unicornio ya lo supiéramos. Un caballo con alas y volador, seguro que en algún momento alguien lo tendría que haber visto!. Por lo tanto, el hecho de no haber visto nunca uno es, en este caso, evidencia de que no existen.

De la misma forma, la complejidad y exactitud de la máquina que proponen, es una evidencia en favor de una creación inteligente—incluso si en verdad el pan se hubiera fabricado con esa máquina. La probabilidad de que si existiera un ser inteligente en ese planeta, hubiera creado una máquina de esa complejidad, es mucho más grande que la probabilidad de que la máquina se haya hecho sola después de milenos de revolver arena. De nuevo, como demostración, 100%, no es. Pero como evidencia, es definitivamente una evidencia a favor.

Ahora vamos a tratar de entender por qué creemos que las leyes naturales están hechas en forma muy específica, y por qué todos están de acuerdo, incluidos Hawking, que este diseño requiere una explicación.

¿Necesitaba Stephen Hawking nuevas teorías para hacer a Dios innecesario?

En 1998 un grupo de astrónomos hizo un anuncio que impactaría al mundo de la ciencia: la velocidad de expansión del universo está aumentando. Es decir, cada instante que pasa, el universo se expande más y más rápido.[16]

Lo anterior debe implicar que existe alguna fuerza en el universo que se opone a la fuerza de la gravedad, ya que ésta produce una desaceleración de la expansión. La fuerza de gravedad hace que las cosas se atraigan, intenta "comprimir" el universo.

La fuerza que se opone a la gravedad se conoce como "constante cosmológica". Fue postulada por Einstein[17], y es poco comprensible a primera vista. Se la entiende como una fuerza que es generada por el "espacio vacío". El espacio, en general, es todo lugar donde puedo poner algo. El espacio vacío es todo lugar donde no existe ningún tipo de materia—por ejemplo, donde no hay ningún átomo. Podría ponerse allí un átomo si se quisiera, pero en este momento se encuentra vacío. Este vacío se encuentra, por ejemplo, entre galaxias, o incluso donde estamos nosotros, entre átomos.

El espacio en general no es infinito en extensión: en el momento del Big-Bang, la cantidad de espacio existente en el universo era muy pequeña y comenzó a crecer. A eso se le llama Big-Bang[18], al proceso en que el espacio del universo comienza a crecer, no sólo en que la materia explota y se esparce. Es decir, en el Big-Bang se crea el espacio y la materia (y luego veremos también que se crea el tiempo). Ahora, de este espacio general, hay un porcentaje que está ocupado por materia y otro porcentaje que está vacío. Se estima que en promedio hay un átomo de hidrógeno por metro cúbico[19]. Es decir, la mayoría del espacio en estos momentos es espacio vacío. Para tener una percepción de cuán vacío es esto, las mejores cámaras de vacío de nuestra época logran un vacío dónde hay diez millones de átomos de hidrógeno por metro cúbico[20].

Para graficar mejor lo que significa que el espacio del universo crezca, veamos cuál sería la diferencia entre un observador viviendo en un universo en que el espacio es muy pequeño, de otro viviendo en uno muy grande. Asumiendo que el espacio no creciera, un observador en un universo con un espacio muy pequeño, se daría cuenta de que vive en un espacio pequeño porque al viajar, muy pronto volvería a su punto de partida. O quizás, si mira en el ángulo correcto, podría ver su espalda, ya que los rayos de luz de su espalda viajarían y volverían a los ojos del observador. Si el espacio fuera más grande, se demoraría más en volver al mismo punto. Es decir, si los dos observadores anteriores viajaran cada uno en su universo en un avión, el que vive en un espacio pequeño volvería a su lugar de origen después de unos minutos, mientras el otro volvería después de unas horas. Nuestro universo es muy grande y se está expandiendo a gran velocidad[21], así que ningún observador, incluso si viaja a la velocidad de la luz, podría volver al punto de origen[22].

Uno de los descubrimientos más interesantes de la física moderna, es que cada volumen de espacio vacío ejerce una fuerza fija, como si estuviera formado por materia antigravitatoria[23].

Esta fuerza del espacio vacío se genera por un fenómeno muy interesante que predice la mecánica cuántica, el cual no es fácil de comprender intuitivamente: en vez de existir espacios vacíos, cualquier volumen de espacio, sin importar cuán vacío parezca, está relleno con "partículas virtuales", que aparecen de la nada y luego desaparecen muy rápidamente. Estás partículas tan especiales generan el efecto deseado, es decir, constituyen una fuerza que intenta expandir el espacio, y que lucha contra la fuerza de gravedad.

En 1998 se descubrió que en esta lucha entre la masa del universo, que trata de comprimir, y el espacio vacío, que quiere expandir, triunfa el espacio vacío y el universo, por lo tanto, acelera su expansión.

Pero hubo una razón que transformó este descubrimiento en algo especialmente sorprendente. Cálculos que se habían hecho desde 35 años antes, indicaban que esta fuerza del espacio vacío debería ser tremendamente poderosa, absurdamente poderosa. El problema era que se podría demostrar que eso hubiera causado un Big-Bang tan potente, que nunca dos partículas se habrían podido aproximar; volarían una lejos de otra y no se podrían haber formado ni galaxias, ni planetas, ni estructuras de ningún tipo.

El mismo Stephen Hawking dijo que "este cálculo debía ser uno de los peores errores de la física teórica en siglos"[24]

Figura 1 Si el Big-Bang fuera demasiado fuerte, todas las partículas volarían lejos una de la otra y nada se podría formar.

Para intentar resolver este problema, los físicos pensaban

que se podía utilizar una idea desarrollada independiente-
mente por distintos físicos[25] a comienzos de 1970, donde se
planteaba que la fuerza del vacío, en vez de ser muy grande,
era exactamente cero. Esta teoría tiene un nombre exótico,
se llama supersimetría, o SUSY. Propone que cada contribu-
ción a la fuerza del vacío, cada partícula virtual que coopera
con ella, debe ser compensada por una fuerza similar pero
opuesta, es decir, por otro tipo de partícula, muy parecida,
pero que causaría el efecto opuesto[26]. Las matemáticas fun-
cionaban, y se esperaba el veredicto de los experimentos para
saber si en realidad la fuerza del vacío era cero.

El anuncio de las observaciones de los astrónomos ese año
de 1998, sorprendió a todo el mundo. Y esto, porque proba-
ban que en realidad la constante cosmológica no era cero.
Pero tampoco era el número gigante predicho originalmente
por las teorías.

El número observado era
0.000 000 000 000 000 000 000 000 000 000 000 000 000
000 000 000 000 000 000 000 000 000 000 000 000 000 000
000 000 000 000 000 000 000 000 000 000 000 000 001
veces el número teórico[27].

Esto sí fue un balde de agua fría para muchos científicos.
Steven Weinberg, Premio Nobel de Física en 1979, predijo
que si este número fuera un poco más grande de lo observado, no se podrían haber formado galaxias, y por lo tanto probablemente no habría planetas ni vida[28]. Establecía que nuestra existencia depende de que esta fuerza no sea muy fuerte.
Por ejemplo, si el vacío fuera sólo diez veces más fuerte que
lo observado (un cero menos de los 119 ceros que escribí
arriba) haría imposible la formación de galaxias—la explosión sería muy fuerte, la materia se separaría muy rápido y
no alcanzaría a reunirse en galaxias.

Ahora, los físicos se vieron en la difícil encrucijada de
encontrar una teoría que cancelara gran parte de la fuerza

del vacío, pero no toda la fuerza, con una precisión de 120 ceros. ¡Tendrían que inventar el cuchillo más afilado que nunca se hubiera construido!. Esto ya indicaba que había algo mucho más profundo que inventar un simple sistema de cancelación. Para entender el nivel de precisión que tiene este número, tenemos que saber que si nos paramos en un extremo del universo observable, y ponemos de blanco un átomo de hidrógeno en el otro extremo del universo, y queremos apuntarle con una flecha, la precisión necesaria es de "sólo" 0,0000...con cuarenta ceros antes del uno[29]. Es decir, la precisión de 120 ceros es demasiado grande como para ser consecuencia.

Ese nivel de exactitud fue demasiado grande como para seguir negando el que el universo parece diseñado para la vida. Se sabía desde la época de Hoyle[30] que ocurrían distintos fenómenos que requerían que las constantes fueran muy exactas para que pudiera existir vida. Pero el valor de la constante cosmológica desestabilizó incluso a los físicos más testarudos, como Stephen Hawking, quienes tuvieron que aceptar que la evidencia de diseño en las leyes naturales era muy fuerte y que requería una explicación más profunda[31].

De hecho, un físico norteamericano, Lee Smolin[32], estima que la probabilidad de que nuestro universo sea amigable para la vida es de una en 10^{220} (Smolin, 1999), es decir un uno con doscientos veinte ceros detrás. Smolin llegó a este resultado considerando distintos factores, no sólo la constante cosmológica. Los cálculos son difíciles de realizar y son obviamente aproximados, pero es claro que es un número muy grande.

Para entregarles una visión de cómo entender que las constantes son muy exactas: primero, ¿cómo empezó todo?. Si empezó en un Big-Bang, lo más probable es que todo debió haber colapsado tan rápido que nada hubiera alcanzado a formarse, o todo debió expandirse tan rápido que tampoco se hubiera formado ninguna estructura[33].

Sólo un justo equilibrio en la fuerza de esa gran explosión le permitió ser productiva. Principalmente, como ya dijimos, este es el punto que desequilibró este argumento y causó que los científicos en general tuvieran que reconocer que cosas muy profundas estaban pasando. ¿Por qué nuestro universo no es uno de la gran mayoría de universos que colapsan antes de que nada interesante pueda pasar, o que explotan tan fuerte que tampoco puede formarse nada?. Es una super maravilla.

Otro punto: ¿por qué vivimos en un mundo de tres dimensiones? ¿Por qué no en un mundo de dos?. Un mundo de sólo dos dimensiones sería un mundo en el que no se puede mirar para arriba ni para abajo. No se ve altura tampoco. Sólo se ven líneas horizontales. Uno gira la cabeza y ve otras líneas horizontales, quizás de distintos colores. Y si alguien te dice "¡hey! ¡Mira hacia arriba!" lo único que se te ocurriría sería mirar hacia atrás[34].

¿Y por qué no vivimos en un universo de 4 dimensiones espaciales? Aquí ya no lo podemos imaginar. Si alguien te pidiera que miraras en una dirección en la que nunca nadie ha mirado, ¿podrías?. La verdad es que no. Ahora, en teoría, quizás nuestro universo podría haber tenido más o menos dimensiones espaciales que tres.

Lo interesante de esta pregunta es que en 1950, el científico inglés Gerald Whitrow, publicó un trabajo[35] donde mostró que si el universo tuviera más de tres dimensiones, sería muy inestable y todo colapsaría[36], y si tuviera menos de tres, habría una serie de problemas que afectarían los sistemas complejos o potencialmente vivos. Whitrow concluyó que sólo puede haber vida en un universo con tres dimensiones.

Por su parte Fred Hoyle, en 1951, estaba estudiando el problema de cómo, en un universo primitivo, partiendo sólo con una sopa de protones y electrones, podría llegar a generarse el átomo de carbono. El carbono es la base química de cuanto conocemos como vida, porque permite que se generen estructuras muy complejas. Sin carbón no hay vida[37], y no se entendía cómo podía generarse. Una forma posible era que chocaran tres átomos de helio al mismo tiempo, pero la probabilidad de ese evento es muy pequeña. Otra opción, era que primero chocaran dos átomos de helio, formando berilio, y éste chocara después con otro átomo de helio, y así podría formarse carbón. Pero esta vía no era tampoco satisfactoria, porque el berilio formado así se descomponía demasiado rápido, no daba tiempo a que chocara con un átomo de helio.

La solución al problema estaba estancada, hasta que a Hoy le se le ocurrió que quizás se daba una coincidencia muy grande: que el berilio tuviera lo que se conoce como resonancia, justo en el nivel de energía correcto, lo cual alargaría la vida al berilio lo suficiente para permitirle chocar con otros átomos de helio. El científico que trabajaba con Hoyle comprobó en el laboratorio que en efecto, el berilio tiene esa propiedad, lo que le valió el Premio Nobel en 1983.

Esto intrigó mucho a Hoyle, y pensó que no podía tratarse simplemente de algo aleatorio. Como ya hemos explicado, de todas estas "casualidades" no se deduce automáticamente que existe un Creador, pero es una fuerte evidencia.

Fue tan sorprendente este descubrimiento que George Gamow (1904-1968), un físico de origen ruso nacionalizado estadounidense —responsable de poner en el mapa científico de los años 50, la idea de un Big-Bang—, escribió el siguiente poema[38]:

Nuevo Genesis

En el principio Dios creó la radiación y el hylem[39]. El hylem no tenía forma ni número, y los nucleones volaban locamente sobre la faz de las profundidades.

Y dijo Dios: "Que haya masa dos". Y hubo masa dos. Y Dios vio el deuterio, y era bueno.

Y dijo Dios: "Que haya masa tres". Y hubo masa tres. Y vio Dios el tritio y el tralfio[40], y eran buenos. Y Dios continuó llamando número por número hasta que llegó a los elementos transuránicos[41]. Pero cuando miró hacia atrás encontró que no era bueno. En la alegría de contar, se le olvidó llamar al de masa cinco y por lo tanto, naturalmente, no había manera de formar los siguientes.

Dios estaba triste, y quería contraer el universo y empezar todo de nuevo.

Pero habría sido demasiado simple. Así que siendo todopoderoso, Dios decidió corregir el error en una forma casi imposible. Y dijo Dios "Que sea Hoyle". Y fue Hoyle. Y Dios vio a Hoyle...y le dijo que hiciera los elementos pesados, de la forma que él quisiera.

Y Hoyle decidió hacer elementos pesados en las estrellas, y esparcirlas por medio de explosiones de supernovas...

Y así, con la ayuda de Dios, Hoyle hizo los elementos pesados de esta forma, pero es tan complicado que hoy en día ni Hoyle, ni Dios, ni nadie más sabría decir exactamente como fue hecho.

Este poema de Gamow expresa bastante bien el sentimiento de alguien, que ve por primera vez con qué exactitud parecen diseñadas las leyes, para que puedan surgir átomos que sean capaces de formar la complejidad que vemos hoy en día.

Pero sólo el hecho de que haya carbón, aunque fundamental, no era lo único necesario. Para que pueda haber evolución y de esa forma puedan crearse estructuras complejas y vida, hay que entender un punto sutil de la evolución, y es que la evolución es una forma de recorrer todos los posibles ADN´s que ya existen en teoría desde el principio, incrustados en las leyes mismas del universo.

Evolución

Esta parte es muy importante, ya que le permitirá al lector entender un punto de vista nuevo en la evolución que no he visto en otros autores y transforma todo el entendimiento de la evolución en una forma muy interesante.

Mi padre me contó una historia cuando hablábamos de este tema que servirá para graficar el concepto: estaba él en el colegio, en aquel veraniego invierno del año 1990 (broma, era antes). Estaban estudiando el efecto de la radiación nuclear, y un alumno preguntó "profesor, por qué nos preocupa tanto que el mundo se llene de radiación, si con el tiempo los animales y nosotros vamos a evolucionar y hacernos resistentes a la radiación, no?" A esto, el profesor respondió "eso es como preguntar que qué importaría que el mundo se transformara en un mundo de fuego, igual, de todas maneras, vamos a evolucionar a resistir el fuego, no?".

La pregunta del joven esconde la falacia que hace que uno crea que el concepto de la evolución es suficiente para reemplazar diseño. Uno cree que cualquier sistema, por simple que sea, que pueda evolucionar (reproducirse y cambiar) irá poco a poco generando todas las posibilidades que a alguien se pueda llegar a imaginar.

Hice esta pregunta a un grupo grande de adultos cultos:¿ uno podría llegar a evolucionar en el hombre de goma, un superhéroe que es de goma y que puede estirarse kilómetros y arrojar su mano conectada a su cuerpo por un pequeño hilo de goma mientras la mano avanza bajo puertas y todo, porque es extremadamente flexible? Y muchos me dijeron que sí. ¿Y evolucionar a Superman? Y me respondieron que sí!

En la fantasía del imaginario colectivo, cuando hay pequeños cambios, esto me lleva a cualquier lado. Por eso no es sorprendente que surja vida inteligente: es la inevitable acumulación de detalles que finalmente llevará a la vida.

Mí propuesta aquí es que no es así: la vida basada en ADN sólo puede evolucionar a distintas formas que se puedan crear con ADN. Nunca podríamos biológicamente evolucionar a ser robots. Nunca un humano nació con una pequeña batería de plomo-ácido—porque eso no está en su ADN. Nunca un humano nacerá con una mano de goma, porque producir goma no es parte de lo que puede hacer el ADN. Nunca el hombre podrá evolucionar a soportar temperaturas sobre la temperatura del sol (las sorprendentes bacterias termofílicas, que resisten temperaturas muy altas, viven a 80 grados Celsius, sobre 100 grados, el agua se evapora y ahí sí que la bacteria tendría problemas).

El engaño que hace que uno crea que la evolución explica toda la vida alrededor nuestro es justamente pensar que todo podría producirse. Pero como vemos en los ejemplos que traigo después del mundo de legos, y el de robots, etc., la evolución sólo puede lograr crear cosas, estructuras, que estaban en forma potencial ahí en el sistema desde su inicio.

La evolución sería simplemente una forma de recorrer estas posibilidades: ¡no una forma de crearlas! Por lo que el diseño está en toda la increíble cantidad de posibilidades que el diseñador puso en las piezas que forman el lego del ADN.

Si miran los paper y libros de gente que quiere explicar cómo surgen fenómenos psicológicos como el altruismo por evolución, no demuestran cómo la evolución los crea. Lo que hacen es asumir que si se pudiera crear, si estuviera en el sistema, el sistema los terminaría privilegiando. Eso es todo. Algo con lo que todos estaríamos de acuerdo. Según esas teorías también podríamos explicar por qué los humanos tenemos ojos en la espalda además de al frente (porque si tuviéramos ojos sólo al frente, no veríamos cuando algún depredador nos atacara por detrás). Sí, pero no tenemos ojos en la espalda, a pesar de que sería buenísimo. ¿Quizás eso no está en el sistema?

Y esto es algo que yo creo que hasta los ateos más refinados tiene que estar de acuerdo. ¿Cómo deben explicar ellos este diseño? Con los múltiples Universos que estudiaremos después.

Para entender esto mejor, veamos diferentes ejemplos.

Si metemos millones de piezas de lego en una caja y movemos violentamente la caja arriba y abajo para que choquen bien las piezas y se unan, ni con todos los años de la eternidad, va a salir una rana. La evolución en este sistema particular sólo recorre las distintas posibles estructuras que permiten las piezas que ahí están.

Si utilicé piezas de legos de un solo agujero, sólo se formarán filas de legos de distintos portes. Si fueron piezas de dos agujeros o de uno, se pueden formar todas las distintas formas que sabemos se pueden formar con esas piezas—casitas rectangulares de lego, etc.

Si construí miles de robots de lego, con motores para mover los brazos, chips para coordinar movimientos, etc. y luego los desarmo y los meto en la caja, yo podría esperar que después de muchos millones de años en algún momento se vuelva a formar un robot.

Hasta aquí todos están de acuerdo. Y lo que se aprende es que lo que sale de un sistema que se revuelve, se mezcla, se combina y recombina, es sólo aquellas cosas que estaban en potencia desde el principio. Un ejemplo inverso: la evolución del humano nunca llevará a un superman. No hay genes de ADN que hagan que la piel del ser vivo sea más dura que el acero o que pueda volar más rápido que la luz.

Podemos entender mejor lo anterior recurriendo a una imagen: si graficáramos cada posible forma o estructura que el ADN pudiera formar, como un punto dentro de una hermosa copa de cristal llena de agua, es decir, si cada átomo de agua dentro de este cristal representara una posible molécula de ADN, la evolución sería como la difusión: si echamos una gotita azul en esa agua, todo, de a poco y aleatoriamente, se irá pintando de azul; pero no son las leyes de la difusión las que crearon los distintos puntos que están dentro de ese cristal. La difusión sólo los pinta de azul.

El paralelo es que el conjunto de todas las formas vivas que pueden existir es un bello mundo que viene creado dentro de las leyes de la naturaleza, desde el principio. Y la evolución lo que logra es que una vez que se crea la primera molécula de DNA (en nuestro paralelo del cristal, cuando se pone la primera gotita de tinte azul) esta empiece a expandirse a todas las otras formas posibles—así como la tinta azul se va diluyendo en todo el líquido.

Lo que Darwin hizo fue mostrar cómo se puede acelerar el proceso de recorrer las distintas posibilidades[42], incluso si las modificaciones son todo lo aleatorio que puedan ser, y de cómo sólo algunas de estas posibilidades o formas de vida irían sobreviviendo. Pero es en la existencia de bellas posibilidades de seres vivos y en la existencia de estructuras complejas donde está la verdadera magia. El hecho de que las partículas que están en el mundo, los químicos, los átomos, permitan eso, esa es la maravilla.

De hecho, por ejemplo, si uno tuviera todos los átomos pero el carbono no tuviera la propiedad de "catenación", que es la habilidad de formar cadenas muy largas de átomos, no podríamos ver la complejidad de vida que observamos alrededor nuestro. La propiedad de catenación no se cumple en ningún otro átomo[37] al nivel que se cumple en el carbono.

De hecho, teóricamente la riqueza de estructuras que puede formar el carbono es superior a la de todos los otros elementos juntos. Esta propiedad se basa en características muy específicas del átomo de carbono, como su electronegatividad[43] y otros factores técnicos que en el carbón se combinan para permitir algo hermoso, que hace que el carbón sea una muy valiosa pieza del lego cósmico. Pero si una de esas propiedades del carbón variara, y el carbón fuera como el resto de los átomos, por muchos tipos distintos de partículas que existan, por muchas fuerzas distintas que las conecten, nunca veríamos vida, y la evolución del sistema recorrería todas las posibilidades mucho más limitadas que un universo así permitiría.

Luego se empezaron a descubrir otras coincidencias.

Si la fuerza nuclear[44] fuerte fuera un 1% distinta de lo que es, tampoco se formaría carbón.

Si la gravedad fuera más fuerte, las estrellas se consumirían mucho más rápido: si fuera el doble de fuerte, nuestro sol brillaría 100 veces más, y los 10 mil millones de años de vida total de una estrella como nuestro sol, se reducirían a 100 millones de años, lo cual dificultaría mucho que pudiera surgir algún tipo de vida desarrollada.

La electricidad es diez mil millones de millones de millones... (y hay que decir 6 veces más la palabra millones), más fuerte que la fuerza de gravedad. En general no nos damos cuenta de eso, porque en la materia que nos rodea hay un equilibrio de cargas eléctricas negativas y positivas, lo que cancela las fuerzas. Pero cuando se logra aislar y tener más cargas de una que de otra, se percibe el tremendo poder que tiene, como en el caso de los relámpagos, donde a pesar de que el desequilibrio es mínimo se desata enorme fuerza. Gran parte de la energía de una bomba atómica es en verdad energía eléctrica.

Un astrónomo, Brandon Carter[45], mostró que la gravedad tiene que ser exactamente en esa medida, más débil que la electricidad para que pueda haber vida en el universo, pues esa relación mantiene la correcta proporción de los distintos tipos de estrellas para poder generar carbono y esparcirlo por el universo. ¿No es eso una increíble coincidencia?.

Si el neutrón fuera 1% más liviano, no podría haber núcleos atómicos, porque los protones serían más pesados que los neutrones y se transformarían en neutrones[46], y habría sólo neutrones, de carga neutra, y no protones, de carga positiva, por lo que no podrían existir los átomos.

Sobre Probabilidades

Quizás pensarás: OK, estoy de acuerdo contigo y con Hawking y todos los otros en que la probabilidad de que surja aleatoriamente nuestro Universo es pequeñísima . Pero cuando uno ve que algo pasó, ¿ya pasó, no? Por ejemplo, la probabilidad de ganarme la lotería es bajísima. ¡Pero siempre alguien se la gana! ¿Acaso uno va a ir a esa persona y decirle que probablemente hizo trampa, porque la probabilidad de que ella la ganara era muy pequeña?

Buena pregunta. Hay que saber que hablar de probabilidades es confuso. Pero, ¿cómo explicamos que Hawking, Susskind y Lee Smolin no hayan pensado en eso?. Y yo, si ya lo pensé... ¿por qué sigo escribiendo este libro?.

La respuesta es la siguiente. Supongamos que lanzo cien dados, y las cien veces me sale seis. ¿Pensaría Ud. que el dado está cargado?. La respuesta es que sí. ¿Y por qué, si lo que ya pasó, ya pasó?. Muy simple: si la probabilidad de que algo ocurra es bajísima y pasa, hay algo raro; a menos que se esté jugando ese juego una cantidad muy apreciable de veces.

Si una lotería tiene una probabilidad de 1 en cada 3 millones de ganar, y juegan 3 millones de personas, lo que hay que calcular es la probabilidad de que al menos una persona entre esos 3 millones se la gane. La respuesta es que es más o menos un 60% (es más precisamente muy cercano a $1-e-1$, donde e es el número de Euler que es aproximadamente 2,7) . Si una lotería tiene una probabilidad en un número N de ganar y juegan N personas, la probabilidad de que alguien gane será más o menos 60%, sin importar cuán grande sea el N. Por lo tanto, en ese caso, el señor que ganó la lotería te diría que no es raro que alguien se lo haya ganado, ¡ ya que en el país juega mucha gente!

¿Qué pasa con los dados?. Si te sale 100 veces el número seis, la probabilidad de eso es de una en 6100. Por lo tanto, para tener una probabilidad de 60% de que alguien saque un

6 cien veces, habría que tirar los dados 6100 veces. Ahora, si toda la humanidad en este momento, los 10 billones de personas, se dedicaran a tirar rondas de 100 dados, y en cada ronda se demoraran 5 minutos; y viviéramos cada uno de nosotros mil años, y no comiéramos, ni durmiéramos, sólo tiráramos dados todo el tiempo, tendríamos que estar un billón de billones de estas generaciones que viven mil años haciéndolo para lograr llegar a una probabilidad de que pase de un 60%. Por lo tanto, si viéramos un dado sacando cien seis seguidos, sabríamos que hay algo raro pasando.

Lo mismo pasa con los multiversos. La probabilidad que le damos a un Universo para que sea amigable para la vida es bajísima. Según Lee Smolin es cercano a los 10-220. Por lo tanto, siguiente la lógica de los dados, si hay un solo Universo, y sale esa "suerte" de un Universo amigable, podemos decir que "el dado estaba cargado". Por lo tanto, o hay multiversos, y hay una cantidad increíblemente grande de ellos (al menos unos 10220 para que la probabilidad sea apreciable de que en alguno haya condiciones buenas para la vida) o los multiversos tampoco podrían resolver nuestros problemas.

Estas consideraciones y muchas otras[47], apuntaban a que el universo debía haber sido creado por una fuerza inteligente que lo diseñó para que hubiera vida—es decir, debía haber un Dios.

En esta situación estaba la física, hasta que algunos científicos concibieron una posible salida[48]. Las primeras ideas de este planteamiento provienen de lo que se conoce como Teoría de Cuerdas[49].

En la Teoría de Cuerdas, el concepto de materia cambia. Uno normalmente imaginaría que las partículas elementales, como los protones y electrones, para efectos prácticos son como pequeñas esferas sólidas. La Teoría de Cuerdas propone que esto no es así: las partículas elementales, como los electrones y protones, no son esferas sólidas, sino que están constituidas por pequeñas cuerdas que vibran, y cada partícula se caracteriza por el modo en que vibra su cuerda.

La propuesta de esta teoría es que si se analizan matemáticamente las propiedades que tienen estas distintas formas de vibrar, se encontrará un paralelo con las partículas y fuerzas que conocemos. Con este simple principio, de que las partículas elementales son cuerdas vibrando de diferente manera, se podría teóricamente deducir todo el universo en el que vivimos.

Como ejemplo, una cierta forma de vibrar de la cuerda asemejaría a un electrón, se comportaría como si tuviera la carga eléctrica del electrón, la masa del electrón, etc.. Es decir, todo el complejo mundo en el que vivimos se podría reducir a este principio muy simple y general y explicar toda la física.

Durante años los científicos quisieron demostrar que la Teoría de Cuerdas era una teoría única, que bella y limpiamente explicaba todos los fenómenos físicos de nuestro universo. Al comienzo esto se vio frustrado, ya que hasta 1995, se habían descubierto cinco diferentes Teorías de Cuerdas que eran matemáticamente posibles[50]. Pero los científicos querían que hubiera una sola posibilidad, no tener que elegir experimentalmente cuál de las cinco era la real, sino que surgiera sólo una—pura elegancia teórica.

Pero en 1995 se descubrió que esas cinco teorías podían entenderse como aspectos de una teoría más grande—la Teoría M. Algunos predijeron que en poco tiempo la física se habría cerrado, y se encontraría la teoría final del universo.

Con el avance de la investigación, se comenzó a descubrir que, contrario a lo que se quería, esta Teoría M no lograba reducirse a una sola teoría final de nuestro universo, sino que podía modelar muchos posibles universos, cada uno con leyes físicas distintas y con constantes diferentes.

Durante años los físicos lucharon contra eso—siempre buscaron que las ecuaciones forzaran sólo una posibilidad, un solo universo, un set de leyes.

Aproximadamente desde 2002[51], algunos científicos tomaron esta aparente "debilidad" teórica, la unieron con la "debilidad" de que las leyes de nuestro universo parecieran tan bien hechas (debilidad no por razones científicas sino porque implican un Creador[52]) y plantearon la siguiente hipótesis:

Hipótesis del Multiverso

El Universo Total consiste en infinidad de universos paralelos, cada uno de ellos con diferentes leyes de la naturaleza—en el sentido de distintas constantes universales, distinta masa de los átomos, distinta fuerza de gravedad y eléctrica, etc. Y como existe una infinidad de ellos, no es raro que en alguno aparezca un universo con condiciones ideales para la vida.

La Figura 2 nos orienta respecto de cómo serían estos universos paralelos. Cada burbuja es un universo—no una galaxia, ni una estrella, sino un universo entero—. Por ejemplo, alguien que viva en una de esas burbujas-universos, no podría escaparse de ella. Incluso si viaja a gran velocidad, incluso si viaja a la velocidad de la luz, e incluso si viaja eternamente, nunca encontraría ni siquiera el borde... No conocemos actualmente ninguna forma que nos permita observar estos otros universos, aparte del hecho de que percibimos que nuestro universo parece hecho a la medida. Es decir, la misma evidencia acerca de la existencia de un Creador, podría también ser evidencia de la existencia de múltiples universos paralelos.

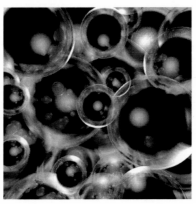

Figura 2 Cada burbuja es un universo con leyes
de la naturaleza distintas

A esto se refiere Hawking cuando dice que[53] "una nueva serie de teorías transforma a un creador del universo en redundante". Es decir, durante algunos años, desde 1998 hasta 2002 aproximadamente, la existencia de un Creador pareció ser la única salida al problema de la exactitud de nuestro universo para contenernos. Pero ahora, utilizando nuevas teorías, como la Teoría M y la de multiversos, según Hawking, ya no sería necesaría la existencia de un Creador. Bastaría con asumir la existencia de infinidad de universos paralelos... y shoyn!

Pero quiero mostrarte, querido lector, que está muy equivocado. Y hay dos errores muy interesantes que Hawking comete, no desde el punto de vista de la física, sino que desde el punto de vista lógico y ciertamente también teológico, y que espero queden muy claros. El primer error lo explico en el capítulo "Primer problema: vivimos entonces en una Matrix" y el segundo problema en el capítulo "Segundo problema: ¿realmente una fábrica de universos es la solución?".

Para cerrar este capítulo, quería resumir lo expuesto hasta ahora:

Hawking intenta explicar sin recurrir a la existencia de un Creador, por qué desde el punto de vista de las leyes de la naturaleza, el universo parece tan perfecto para que haya vida. Esto cree lograrlo al plantear que si existen infinidad de universos paralelos, cada uno con leyes físicas diferentes, no sería para nada extraño que en alguno coincidan conjuntos de leyes buenas para la vida.

Hawking no está diciendo que Dios no existe. Si tú, querido lector, crees en Dios por otra razón que no sea por las maravillas del universo, o por el hecho de que el universo tiene un inicio, entonces Hawking no está argumentando contra ti.

Figura 3 El Argumento del Diseño pide mirar el mundo y de allí deduce que tuvo que haber sido diseñado por una inteligencia superior.

Lo que sí quiere decir es que, si crees en Dios por alguna de las dos razones citadas arriba, entonces estas nuevas teorías físicas, si resultaran finalmente ciertas, podrían explicar esa aparente belleza, sin necesidad de un Creador, lo que haría que el universo no fuera una prueba de la existencia de un Creador.

Figura 4 En este caso religión y ciencia si se hablan, no como en el dibujo, ya que la religión intenta traer desde el universo una prueba de la existencia de un Creador Inteligente.

Alguien podría responder a Hawking diciendo que no le incomoda que todo siga las leyes naturales, ya que eso estaría mostrando cómo funciona un Creador. Pero la verdad es que Hawking quiere atacar algo mucho más profundo y que los teólogos no pueden pasar por alto: el Argumento del Diseño es una de las premisas fundamentales de la existencia de Dios. Si ese argumento ya no se puede sostener, nos empezamos a quedar atrapados en cada vez menos posibilidades de argumentar que la creencia en Dios es racional y el hecho de que la creencia en Dios sea racional es un fundamento muy importante.

Si no hubiera evidencias de que existe un ser superior, uno podría decir "usted señor puede creer lo que quiera, pero no me diga que creer en Dios no es mejor ni peor que creer en las hadas madrinas o en los unicornios voladores".

El judaísmo está construido sobre la base de que creer en Dios es una creencia racional y esto es muy fuerte desde los pensadores judíos más antiguos. De hecho, la tradición judía nos cuenta una historia en que un filósofo vino una vez a

Rabi Meier[54] y le dijo que no creía en Dios, que sentía que el universo fue creado por sí mismo, sin ayuda externa. Rabi Meier no respondió, pero llegó un par de días después con una hermosa poesía, escrita en una hermosa letra en un papel muy bellamente ornamentado. El filósofo miró el papel y el poema, admirado, y dijo: "¿Quién fue el gran poeta que escribió esto? ¿Y quién el artista que lo plasmó?". Rabi Meier negó con la cabeza y dijo: "¡Estás muy equivocado! No hay poeta. No hay artista. Lo que pasó fue que este papel estaba en el suelo al lado de la mesa, cuando la tinta le cayó encima y resultó esto".

El filósofo miró a Rabi Meier con sorpresa. "¡No puede ser! ¡Un poema tan hermoso!. ¡Tiene que haber un autor!. ¡Tiene que haber un artista!". Entonces Rabi Meier le dijo: "¡Tú mismo lo afirmaste!. ¿Cómo puede el universo, que es más bello que cualquier poema, y que incluye cualquier poema, existir por sí mismo?. ¡Tiene que haber un Autor!. ¡Tiene que haber un Creador!".

La tradición judía nos relata cómo Abraham descubrió a Dios, y varios de los sabios entienden que hay un mandamiento divino de intentar descubrir a Dios de la forma más clara posible en la naturaleza y en el hombre. El gran Maimónides[55], en su libro "Guía de los Perplejos", dedica gran cantidad de capítulos a las pruebas filosóficas que en esa época[56] se manejaban sobre la existencia de Dios.

Muchos grandes científicos han sido capaces de ver esto.

Veamos cómo pensaban algunos grandes científicos acerca de este tema.

Galileo Galilei (1564-1642) reconoce diseño en la inteligencia humana:

"Cuando medito en todas las cosas profundamente maravillosas que la gente ha entendido, buscado y hecho, reconozco incluso más claramente, que la inteligencia humana es la obra de Dios, y una de las más excelentes".

Sir Isaac Newton (1642-1727), matemático y físico, inventor del cálculo, descubridor de las tres leyes que llevan su nombre y de la ley de la gravedad, habla de cómo mirando la grandiosidad del sistema solar, uno puede ver un diseño:

"Este objeto [un modelo a escala del sistema solar] es una minúscula imitación de un sistema mucho más grandioso, cuyas leyes ya conoces, y yo no soy capaz de convencerte de que este simple juguete no tiene diseñador y creador; sin embargo tú, un ateo, ¿dices creer que el gran original de donde fue tomado este diseño existió sin diseñador ni creador?. Ahora explícame por favor, ¿con qué tipo de razonamiento llegas a una conclusión tan incongruente?".

Louis Pasteur (1822-1895), padre de la microbiología, es capaz de percibir el diseño en la biología:

"Mientras más estudio la naturaleza, más me sorprendo sobre el trabajo del Creador". "La ciencia trae al hombre más cerca de Dios."

Fred Hoyle astrofísico ya antes citado, dice:

"Una interpretación de los hechos utilizando el sentido común sugiere que un superintelecto interfirió con las leyes de la física así como de la química y biología… los números que uno calcula de los hechos me parecen tan impresionantes al punto de dejar esta discusión casi fuera de la duda".

Robert Jastrow (1925-2008), científico agnóstico, nos cuenta, una vez que se confirmó el Big-Bang en 1967:

"Para el científico que ha vivido por su fe en el poder del raciocinio, la historia termina como una pesadilla. Ha escalado las montañas de la ignorancia, está a punto de conquistar las cimas más altas; cuando se levanta sobre la última roca, es recibido por un grupo de teólogos que han estado sentados ahí por siglos de siglos".

Por lo tanto, en este libro te quiero mostrar que los argumentos de Hawking son definitivamente débiles, tanto respecto al diseño como respecto al inicio del universo. Y espero poder dejártelo muy claro, ya que las ideas en las que se basan son en realidad simples.

El multiverso de Hawking más en detalle

Hay un detalle técnico importante: a pesar de existir diversas formas de entender los multiversos, Hawking elige una muy especial[57]. Uno podría, como hice en los primeros capítulos, hablar de un Universo Madre generando burbujas. Pero Hawking agrega un punto más y para comprenderlo debemos explicar algo muy profundo de la mecánica cuántica.

La mecánica cuántica fue originalmente la ciencia de cómo se movían las cosas muy pequeñas[58]. Y se descubrió que éstas se mueven de formas muy extrañas. Tremendamente no intuitivas. Una de esas sorpresas es que se puede mirar el movimiento de una partícula pequeña entre dos puntos A y B de una forma muy especial: uno debe pensar que esa partícula se desplazó por todos los caminos posibles para ir desde A hasta B al mismo tiempo. Es extrañísimo.

¿Qué significa esto? Como es tan difícil de entender, me gustaría que nos concentráramos sólo en aquello que es importante para el tema que tenemos entre manos.

Primero, esto significa que la partícula se transforma en muchísimas partículas "fantasma", y cada una recorre su propio camino desde A hasta B. Segundo, estas partículas, así como los fantasmas, interfieren levemente unas contra otras si "chocan" en sus caminos, y así es como sabemos de sus existencias.

Asimismo, uno podría decir que nuestro universo funciona como una partícula: el universo, el espacio, y cada una de sus partículas, siguen todas las posibilidades al mismo tiempo, todas las posibles trayectorias, y no sólo eso, sino todas las posibles leyes naturales, todas las dimensiones posibles, todas los tipos de partículas posibles, al mismo tiempo. Es como si el universo se transformara en una tremenda cantidad de universos fantasma, cada uno con propiedades distintas, y en cada universo pasaran todas las cosas que pudieran pasar, se recorrieran todas las trayectorias que se pudieran recorrer.

Por ejemplo, incluso con nuestras leyes naturales, habría un fantasma cuántico, un "mundo", en el que realmente se abrió el mar en Egipto cuando los judíos escaparon de Egipto; pero superpuesto a éste, también hay un mundo igual al nuestro, donde los judíos nunca estuvieron en Egipto, nunca se escaparon y se trata solo de una hermosa historia; y hay otro mundo superpuesto en que la historia de Egipto ni siquiera es un cuento, nadie la cuenta, no hay libros que hablen de ella, porque en ese mundo paralelo, en ese universo, simplemente no existe ese relato. Y hay un mundo igual al nuestro donde tú, querido lector, no estás, pero todo el resto es casi igual, tus amigos y tu familia están, pero tienen vidas ligeramente alteradas porque tú no existes.

Y paralelamente con eso, hay un mundo donde en vez de tres dimensiones, hay cuatro, o cinco, o diez dimensiones. Y otros mundos donde solo hay luz, o mundos donde sólo hay una partícula, y mundos donde hay solo dos, y así, todas las posibilidades que se te puedan llegar a ocurrir, ¡y muchas más!

Ahora, si eso es así, entonces el Universo Madre en el que estamos inmersos y que genera universos burbujas, no necesariamente crea físicamente "otros" universos en un lugar distinto del mismo Universo Madre, sino que todos los universos paralelos existen aquí y ahora, superpuestos como fantasmas. Este es el multiverso favorito de Hawking[59].

Pero existen otras posibilidades, la más notable es la que propone Susskind[60], de un Universo Madre real, con millares de universos burbuja surgiendo eternamente. En este libro los trataremos como equivalentes desde el punto de vista del argumento del Diseño y no distinguiremos entre uno y otro[61].

Puntos Clave

- Durante muchos años se acumularon pruebas de que nuestro universo, en términos de sus leyes y de la magnitud de sus constantes, parecía diseñado para la vida.

- El vaso se colmó en 1998, cuando se supo que la magnitud de la fuerza de explosión del Big-Bang era de manera demasiado exacta, lo que se requería para permitir la vida.

- Por otro lado, una de las teorías más exploradas por teóricos, la Teoría de Cuerdas o Teoría M, se negaba a tomar una sola forma, y parecían existir numerosas posibilidades de cómo un universo podría haber sido creado, en término de sus leyes naturales.

- Uniendo una con otra, científicos, culminando con Hawking, han intentado matar dos pájaros de un tiro, diciendo que si asumimos infinidad de universos paralelos, con distintas leyes de la naturaleza cada uno, entonces explicaríamos la existencia de universos como el nuestro, aparentemente diseñados para la vida, sin necesidad de un Creador Inteligente.

- Hawking no busca "demostrar" que Dios no existe, pero sí intenta demostrar que de solo mirar el universo y sus asombrosas leyes, no se puede deducir que Dios existe, si invocamos el concepto de múltiples universos.

Primer problema:
¿vivimos entonces en una Matrix[62]?

La idea de muchísimos universos con distintas leyes, generados por un Universo Madre, tiene un curioso corolario. Se basa en un argumento de Nik Bostrom[63], filósofo de Oxford que propone lo siguiente (Bostrom, 2003): si un Universo Madre genera muchos universos paralelos con distintas leyes, y sólo algunos tienen las condiciones para desarrollar vida inteligente; y si la vida inteligente, tal como nosotros la conocemos, puede simularse en computadores suficientemente avanzados (es decir, no existe el alma en el sentido habitual de la palabra, como algo que está más allá del mundo físico, algo sobrenatural), entonces se debe cumplir una de dos alternativas:

1. O todas las civilizaciones inteligentes se destruyen por alguna razón antes de ser capaces de simular computacionalmente a un ser inteligente.

2. O estamos viviendo en un programa computacional.

Figura 5 ¿Es nuestro mundo un juego en las manos de un niño de una supercivilización en algún universo?

El argumento es éste: en cada universo "real" capaz de generar vida inteligente, al llegar ésta a ser capaz de simular universos con vida inteligente, generará cientos o millones de tales universos simulados: cada niño y adulto tendrá su propio computador con varios mundos distintos. Pero cada uno de estos mundos llegaría también a ser capaz de simular mundos, de modo que habría mundos computacionales dentro de mundos computacionales... y así, la mayoría absoluta de universos con vida inteligente serían universos programados, por lo que habría una altísima probabilidad ¡de que el nuestro fuese uno de dichos universos simulados!

Figura 6 Niño de una supercivilización jugando con sus computadores que simulan civilizaciones enteras... ¿nosotros podríamos estar en uno de ellos?

Una forma de escaparse de esta conclusión sería que por alguna razón, toda civilización lo suficientemente inteligente, se destruyera o se autodestruyera antes de alcanzar a simular vida inteligente en el computador.

Pero salvo eso, tendríamos que la probabilidad sería altísima de que la silla en la que tú estás sentado, y el libro que tienes en la mano, y tu familia y amigos, sea todos parte de un programa de un supercomputador perteneciente a alguna supercivilización que vive en alguna de la infinidad de universos paralelos existentes y que pueden generar vida inteligente.

Ahora, el controlador de ese computador, ciertamente conoce todos los pensamientos que tú estás teniendo en este momento, sabe lo que vas a hacer—después de todo, tú eres un programa. Y tiene poder absoluto para hacer lo que quiera en este mundo. Es decir, es omnisciente, omnipotente. Es un dios...

¿Se podría saber si estamos en un universo simulado?. No..., los que vieron Matrix saben lo difícil que sería, pero incluso sin eso, si yo soy consciente porque soy parte de un programa computacional, no me puedo escapar de ese programa—y todo lo que creo que veo, hago y pienso, es parte de ese programa. ¡No habría forma de saber que no soy real!

Algunos se han puesto a pensar cómo se podría saber. Una idea es que viéramos que el programa falla de vez en cuando. Si es así, el programador tendría que intervenir para arreglar el problema, y probablemente lo veríamos como quiebres en las leyes de la naturaleza. Es decir, veríamos milagros, cada cierto tiempo. Dicho de otra forma, ver milagros cada cierto tiempo, o roturas de las leyes naturales, podría ser una prueba de que vivimos en una "Matrix".

¡Personalmente, me preocuparía mucho que en algún momento nuestro programador se aburriera de nosotros y nos apague!

De aquí resulta que la idea de universos paralelos, esgrimida contra la idea del diseño y la existencia de un Creador, nos conduce a esta otra idea: estamos en manos de alguna criatura, con su computador, que sabe lo que pensamos y nos impone sus propios valores y reglas... Tal perspectiva podría sonar divertida pero además constituye un bello argumento. ¡Explóralo![64]. Esto llevó a Paul Davies a decir[65]: "Ya que el argumento del multiverso es invocado como una forma de abolir la necesidad de Divina Providencia, es irónico que nos entregue el mejor argumento científico que tengamos para la existencia de un dios", refiriéndose a esta deidad que nos controlaría en su computador.

¿Cuál fue la reacción del campo ateo al reconocer las consecuencias de su esfuerzo por eliminar a un Creador generando infinidad de universos?. ¡Pues algunos abrazaron sin problemas la posibilidad de que seamos una simulación de computadores!

"Todas estas ideas de multiversos... llevan a una consecuencia extraordinaria, que nosotros no seamos la realidad más profunda, que seamos una simulación. La posibilidad de que seamos la creación de un Ser o Superser Supremo, difumina los límites entre la física y la filosofía Idealista, entre lo natural y lo sobrenatural..."[66]

¿Qué ganaron entonces?. Si todo el punto de generar la hipótesis de los multiversos tenía por objeto evitar el aceptar que existen fuerzas sobrenaturales en nuestro universo, y si finalmente igual llego a que las hay, no sirvió de nada el intento y merece ser arrojado a la basura...[67]

¿Cómo se podría confirmar la existencia de un multiverso?

Uno podría decir que el diseño que se percibe es una evidencia a favor de un multiverso. Pero como la teoría en competencia es plantear que fue un Diseñador inteligente que lo hizo, esa "evidencia" no sirve.

Una idea muy interesante sería la siguiente: digamos que una variable, como la fuerza de la explosión del Big-Bang o cualquier otra constante, que pudiera estar teóricamente entre 0 y 1.000, deba estar entre el valor 0,1 y 0,2 para permitir vida. Eso sería una "sintonización muy precisa" de una variable. Ahora, si lo que hay es una infinidad de Universos paralelos, habrá entonces algunos con valor 0,1; otros con 0,15; otros con 0,18; y así habrían muchos Universos con valor entre 0,1 y 0,2. Ciertamente la vasta mayoría de Universos no estaría entre esos números y estarían entre 0 y 1.000. Pero bastaría que algunos tuvieran los valores correctos para que en ellos se pueda desarrollar la vida.

Si pudiéramos saber, de acuerdo a alguna teoría, cuál es la distribución de probabilidades, es decir, cuáles Universos crea en forma más común el Universo madre y cuáles menos, entonces debería ser que el Universo en el que estamos sea justamente el más probable entre 0,1 y el 0,2.

Apliquemos este argumento en el siguiente ejemplo de sintonización precisa de la variable de entropía: lo más probable (en lenguaje más técnico, el sistema con una entropía más alta) es un espacio más vacío, con menos partículas por cada cm3. El hecho de que al principio del Big-Bang hubiera una densidad tan alta, lo que permitió que se formaran muchas galaxias, genera la pregunta de por qué el Universo partió tan especial. En otras palabras, en un Universo aleatorio, uno no esperaría que hubiesen tantas billones de galaxias. No parece necesario para que la vida pueda desarrollarse que haya más que quizás una galaxia, con cien billones de estrellas. Roger Penrose[7] dice que incluso si calculamos que el Universo sea un décimo de grande de lo que es ahora, y que tuviera 100 millones de cúmulos de galaxias (el nuestro se calcula que tiene 100 mil millones de cúmulos), cada cúmulo teniendo 100 mil millones de galaxias, de todas maneras ese Universo tendría una entropía absurdamente más alta que el nuestro ¡y sería 1010^{123} más probable! (Penrose, The Road to Reality: A Complete Guide to the Laws of the Universe, 2004, pág. 763) Es decir, si seguimos la teoría de un multiverso, vemos que en realidad deberíamos vivir en un Universo mucho más chico que el actual, y eso es una poderosa evidencia de que los multiversos son falsos (como evidencia sería igual de fuerte que si tiro un dado un millón de millones de millones de millones de millones de—y sigo diciendo eso 14 veces— de veces, y en todas me sale un seis, que el dado esté cargado. A eso le llamo una poderosa evidencia...)

Ahora, Ud. quizás podría querer preguntar ¿y por qué un diseñador construiría un Universo tan innecesariamente grande? Y yo le diría, ¡buena pregunta! Pero esa pregunta no está ni cerca de ser una prueba de que no fue hecho por un diseñador, simplemente que no podemos entender cada detalle de su creación. Pero definitivamente sí es una evidencia muy fuerte contra la idea de que provenimos de un multiverso.

Otra forma de utilizar este argumento es con los "Cerebros de Boltzman", que veremos en la próxima caja.

Cerebros de Boltzman

Una forma muy interesante de testear la idea de los multiversos es la de calcular cuál es la probabilidad de que seamos un Cerebro de Boltzmann. Sabemos que el Universo acelera su expansión. Si todo sigue igual que ahora, el Universo seguirá expandiéndose. Las estrellas consumirán su combustible y se transformarán en agujeros negros en 1010 años aproximadamente (es decir, en el doble del tiempo que el Universo lleva existiendo hasta ahora). Luego, vendrá la época de los agujeros negros que durará por mucho más tiempo, unos 10100 años. Pero al finalizar este periodo, los agujeros negros se habrán consumido también (porque irradian la famosa "radiación de Hawking" hasta que se consumen completamente) y luego habrá un período de vacío puro. Este espacio vacío, por lo que estudiamos antes, no es vacío realmente, y circula, por fluctuaciones cuánticas, por todos los estados físicos posibles. Todos estos estados se expresan en el tiempo de 1010^{120}.

Para entender esto, imaginemos una hoja gigante, un papel con muchos millones de espacios. Y digamos que en cada espacio, una vez por segundo, aparece una letra en forma aleatoria. ¿Cuál es la probabilidad de que de repente se forme una palabra de 2 letras, como "OK", "no", "ir", etc.? Bueno, son 26 letras, y ¿cuál es la probabilidad de que aparezca la palabra "OK"? Bueno, la probabilidad de que la primera sea "O" es de una en veintiséis, y de que la segunda sea "K" también. La probabilidad de que aparezcan juntas al mismo tiempo es de 1 en veintiséis por veintiséis, o sea una en 676. Bastante bajo, pero posible. Pero si hay 1000 espacios vacíos donde aparecen letras, la probabilidad de que aparezca al menos un "OK" crece bastante y se acerca a un 50%. Ahora vamos a tres letras: ¿cuál es la probabilidad de que salga una palabra de tres letras como la palabra "tres"? uno en veintiséis por veintiséis por veintiséis. Una en 17.576. Ahora la probabilidad de que eso aparezca en 1000 espacios es pequeña, de sólo 0,05! Y si es una palabra de 4 letras, como la palabra "cuatro", la probabilidad de que aparezca en 1000 espacios es de 0,002. (¡si alguien se percató del error se ganó un dulce y demostró que está despierto!). Todo este cálculo se pone más complicado cuando uno calcula que la cantidad de palabras de dos letras es distinta que la cantidad de palabras con 3 o 4 letras... pero se entiende la idea.

Algo parecido ocurre en el vacío. Aparecen y desaparecen aleatoriamente partículas cuánticas, y a pesar de que la probabilidad de formar una estructura interesante es muy baja, con suficiente tiempo va a ocurrir. La observación clave aquí es que mientras más compleja la estructura, es como una palabra más grande, y más difícil de formar. Un tiempo muy largo es como tener una gran cantidad de espacios para letras. Ahí van a surgir seguro incluso textos muy largos, y con suficientes letras, incluso podemos esperar que surja un poema de Borges entre medio. Pero la cantidad de poemas de Borges que esperaríamos es casi despreciablemente pequeña comparada con palabras de dos letras. Un ejemplo numérico para ganar intuición: si hubieran 300 millones de espacios donde poner letras, uno podría esperar que la palabra "Borges" apareciera al menos una vez con una probabilidad de más o menos un 60%. Pero la palabra "OK" debería aparecer en promedio ¡440 mil veces! Una pequeña diferencia entre las dos palabras hace que una aparezca aleatoriamente muchas más veces que la otra.

En el espacio vacío será lo mismo: que surja una estructura de unos pocos átomos sería muchísimo más probable que el que se forme un planeta. Ambos van a aparecer, pero un átomo aparecerá una cantidad muchísimo mayor de veces que un planeta.

Si esto es así, el que surja un cerebro en este espacio vacío del fin del Universo, un cerebro flotando en el vacío, tendría una cierta probabilidad, que no sería cero. Y más aún, este cerebro podría estar wired para creer que tuvo un pasado, que está rodeado de cosas, etc. Como estos cerebros son pequeños en comparación con todo un mundo verdadero, la cantidad de veces que aparecerán en forma aleatoria, comparado con la cantidad de veces que aparecerá un mundo entero como el nuestro, es enorme. De aquí podemos concluir de que, como somos un cerebro, y la cantidad de Cerebros de Boltzmann es brutalmente mayor que la cantidad de cerebros verdaderos, que somos un Cerebro de Boltzmann.

Meditemos un poco más acerca de estos famosos Cerebros de Boltzmann.

Ludwig Edward Boltzmann (1844 --1906) fue un físico austriaco pionero de la mecánica estadística, que desarrolló los conceptos fundamentales que explicaron las reglas de la termodinámica desde el punto de vista atómico. Nacido en Viena, se suicidó en 1906 ahorcándose durante unas vacaciones. El motivo del suicidio permanece poco claro, pero pudo haber estado relacionado con su resentimiento al ser rechazada por la comunidad científica de esa época su tesis sobre la realidad del átomo. Boltzmann fue el creador de la ecuación que describe la entropía, , que se encuentra grabada en su tumba. Como pueden ver, ¡era realmente un apasionado!

En el año 1870, Boltzmann estudió la siguiente pregunta: si la entropía(el desorden) siempre aumenta, ¿por qué partió tan baja en nuestro Universo? ¿Una forma de plantear esta pregunta en lenguaje más coloquial es: si todo tiende al desorden, ¿cómo partimos todos ordenaditos de forma que el desorden pueda aumentar? Es decir, uno tendría que pensar que el Universo, si parte al azar, parte de forma desordenada. Pero en realidad partió muy ordenado, ¡y por eso vemos como que se está permanentemente desordenando!

Esta pregunta es fundamental en la física moderna, al punto que es la razón por la que en el año 1980, se creó el modelo inflacionario del Big-Bang (ver la segunda parte de la nota 67)

Boltzmann respondió de forma creativa: dijo que si el Universo es eterno, con suficiente tiempo pequeñas burbujas en las que aleatoriamente disminuye la entropía (donde aleatoriamente las cosas se ordenan un poco) se van a ir generando. Y eventualmente, una burbuja muy fuerte se podría generar, bajando violentamente la entropía de esa burbuja, y eso sería

[nota manuscrita al margen: confunde entropía con desorden, no es el planteamiento apropiado]

nuestro mundo. Un enfoque genial. Podría suceder. Y eso sería nuestro Universo. Pero esto no es una posibilidad, como lo hace notar Richard Feynman, famoso premio Nobel de Física de 1965, dijo lo siguiente:

"De la hipótesis de que el mundo es una fluctuación, toda la predicción sería que si miramos a un lugar del mundo al que nunca habíamos mirado, lo encontraremos todo desordenado, y no como el pedazo que acabamos de mirar antes. Si nuestro orden fuera por una fluctuación, no esperaríamos orden en ningún lugar salvo en aquellos en los que ya hemos visto orden. Concluimos entonces que el unverso no es una fluctuación" (Feynman, 1970, págs. 46-8)

Un problema similar al que existe con la propuesta de Boltzmann en un Universo, existe con los multiversos. Como es más pequeño generar sólo un cerebro pequeño, que crea que vive en un mundo real por un tiempo, observadores a los que se les llama "Cerebros de Boltzmann", deberían exceder por mucho a los observadores normales. Este problema es una dificultad a mi gusto insuperable de la teoría de multiversos (a menos que uno juegue mucho con la sintonización de otras variables como forma de intentar arreglar este problema).

Un paper de este tema es el de Simone, Guth, Linde, Noorbala, Salem, & Vilenkin (2010) , donde grandes físicos (Guth creó el modelo inflacionario, Linde creó lo que se conoce como inflación eterna caótica, Vilenkin tuvo mucho que ver con la inflación eterna), que son en general nombres ilustres del mundo de la cosmología, dicen lo siguiente en sus conclusiones:

"Parece ser que la cosmología debe explicar por qué nosotros somos "observadores normales"—que nos desarrollamos de procesos lejos del equilibrio cerca de un Big-Bang—y no somos "Cerebros de Boltzmann"—observadores extraños que surgen por resultado de fluctuaciones cuánticas"

Un último punto a clarificar. No estamos proponiendo aquí de que quizás sí somos cCerebros de Boltzmann—así como hacemos en el argumento de Matrix. Aquí el argumento es que en realidad no podemos ser Cerebros de Boltzmann, porque si fuéramos, cada segundo extra de orden en nuestras vidas sería tremendamente improbable. Y por lo tanto, como dice Feynman en la cita que trajimos arriba, deberíamos esperar que el siguiente segundo todo se desordenara. Sería como en el ejemplo que trajimos en la caja anterior, en el que sabes que eres una palabra, pero conoces sólo 10 de tus letras. Lejos, lejos lo más probable es asumir que serás una palabra de 10 letras y no de 11. Si de repente te muestran que eres de 11 letras (otro segundo de vida más) y luego de 12 (otro más) y así permanentemente, diríamos que simplemente no eres una palabra al azar. Es por eso que los físicos del paper deben explicar por qué no somos Cerebros de Boltzmann.

Segundo problema:
¿es realmente la solución una fábrica de universos ?

Plantear la existencia de una verdadera fábrica de universos, que en algún momento produciría el nuestro, y desde luego hacerlo sin confirmación, es algo muy teórico, cuyo propósito principal es eliminar la necesidad de un Creador; pero, aun si tal fábrica de universos fuera realidad, ¿no sigue ella mostrando que detrás de todo actúa una inteligencia?, ¿no mueve tan solo el problema un nivel más arriba?.

Para ahondar en estos argumentos, tenemos que entrar un poco más profundamente en lo que significa un Universo Madre.

Figura 7 Imagen de un Universo Madre generando infinidad de universos burbujas, cada uno con leyes de la naturaleza distintas

Pensemos en lo siguiente: ¿cuántas opciones distintas de Universos Madre pueden existir, que no den el resultado de al menos un universo con la complejidad del que vemos ahora? [68]

Este Universo Madre podría perfectamente haber generado sólo infinitos universos iguales, o sólo infinitas configuraciones distintas de rocas y montañas... o sólo universos sin mecánica cuántica, o sólo espacios vacíos con geometrías diferentes[69], es decir, espacios más curvos o menos curvos o con distintos tipos de curvaturas, uno como una pelota, uno como un tubo, uno como una silla de montar. Quizás universos sin materia, o sólo con dimensiones de tiempo, o sólo con luz y sin átomos... ¡Pero no, no fue así! Puede haber generado todo lo anterior, pero en su espectro de posibilidades también se halla un universo tan complejo como el nuestro, con leyes especiales, muy específicas, que permiten que se desarrolle vida.

Figura 8 El argumento de los múltiples universos sólo mueve el problema un nivel más arriba– es como el proverbial barrer el problema bajo la alfombra.

Eso es indicativo de un diseño y a eso nos referimos al decir que la idea de un Universo Madre, que genere universos hijos con leyes distintas, sólo mueve el Argumento del Diseño un nivel más arriba, es como barrer el problema bajo la alfombra y no solucionarlo realmente[70].

Déjame traer un ejemplo para clarificar más este punto: uno podría decir que la vida no es algo increíble porque, como hay millones de millones de planetas en el universo, no es raro que alguno tenga las condiciones ideales para la vida. Del mismo modo, quiere argumentarse que no es raro que haya vida en nuestro universo, ya que hay millones de millones de universos distintos.

Universo→Planeta→Vida

Eso es lo fantástico

Pero ya sabemos que tal argumento —la vida no es algo increíble ya que hay muchos planetas— es débil, pues el punto, y la gracia, radica en que el universo y sus leyes, permitan que al menos un planeta pueda, teóricamente, tener condiciones para la vida.

Universo Madre→Universo →Planeta→Vida

Eso es lo fantástico

De la misma forma, el que haya muchos universos distintos, no borra el diseño, sólo que ahora lo fantástico es que exista un Universo Madre lo suficientemente complejo como para generar universos burbuja, cada uno con distintas leyes, lo suficientemente complejas como para que produzcan cosas interesantes.

Veamos esta lógica en forma inversa: ya mencioné antes el caso de Superman, uno podría decir que no sería extraño que existiera algún hombre con los poderes de Superman, dado que hay tantos miles de millones de hombres en el mundo. Como ya se señaló, el error estaría en que no importa el número de hombres, no está en las posibilidades del ser humano ser Superman.

Asimismo, lo maravilloso de este Universo Madre es que genere tal nivel de universos hijos y con tal nivel de complejidad que permita exactamente generarnos. Esto sigue siendo diseño.

Figura 9 ¿Es nuestro Universo Madre, generador de todos los universos burbujas, menos maravilloso que sus burbujas?

Puntos Clave

La propuesta del multiverso presenta dos graves fallas respecto de su ataque a la existencia de un Creador:

- En vez de resolver el problema del Diseño, la existencia de múltiples universos, lo mueve un nivel más arriba. Todavía este Universo Madre requiere claramente de un Diseñador.

- Además de todas maneras podría implicar que tenemos sobre nosotros a un dios, sólo que potencialmente de mucho menor calibre—sería un controlador de la simulación en la que probablemente vivimos.

El Argumento del Diseño

Es bueno que hayamos llegado a esta parte del libro. La verdad es que aquí estamos de lleno en el problema de cómo entender el Argumento del Diseño. Lo importante por ahora, es que la propuesta de Hawking no mejora ni debilita el Argumento del Diseño respecto de la existencia de Dios. La verdad es que los mismos problemas que el argumento tenía antes, los tendrá ahora y los que no tenía antes tampoco los tendrá ahora.

Pero querido lector, ya que te embarcaste en esta odisea del Argumento del Diseño y de sus potenciales críticas, te haré un recorrido por dos lados importantes del argumento.

El primero es lo que denomino "La Regla del Paraguas" o "Regla de la Inversión"[71], que nos permite comparar las dos teorías posibles: los multiversos o Dios. El segundo es el Argumento Cosmológico, que explica por qué el ciclo creación—creador se rompe en un cierto momento[72].

El paraguas mojado: la "regla de inversión", evidencia y demostración

Para un correcto entendimiento del Argumento del Diseño, debemos entender previamente una sutileza en el arte de "probar": la diferencia entre "evidencia" y "demostración"[73].

Veamos un ejemplo:

Entra Ronald, acusado de asesinato, a un tribunal de justicia. El fiscal trae el arma criminal con las huellas digitales de Ronald sobre ella. El acusado dice que fue un suicidio y que él no estaba en el lugar del crimen, pero no tiene pruebas, y cinco testigos dicen haberlo visto en el lugar y hora del crimen. ¿Constituyen el arma con las huellas y los testigos una demostración de que Ronald es culpable?

Para responder esta pregunta, definamos primeramente nuestros términos.

Una "demostración" es algo que es posible entender. Se puede demostrar que la suma de los ángulos interiores de un triángulo es igual a 180 grados. Una de las consecuencias de esto es que los ángulos de un triángulo no pueden sumar 150, 200 ni ningún otro número de grados que no sea 180. Demostrado lo primero, lo segundo resulta imposible.

Queda claro entonces que las pruebas contra Ronald no constituyen una demostración, ya que no es imposible, por ejemplo, que los cinco testigos estén mintiendo y que las huellas en el arma hayan sido "montadas" para inculparlo. En teoría, ambas situaciones podrían tener lugar.

Veamos ahora el término "evidencia". Una evidencia es un tipo de argumento que apoya una opción en juego y por tanto aumenta la probabilidad de que sea cierta, pero no la demuestra, pues aún es posible que alguna de las otras sea cierta.

Esta diferencia es muy importante, pero ambos términos suelen confundirse, así que tratemos de aclararlos más.

En el caso de Ronald, los cinco testigos y las huellas en el arma son evidencias de que es culpable. Pero, ¿por qué son evidencia?. ¿No hemos reconocido que podría tratarse de un complot?. Sí, pero se perciben como evidencia porque la probabilidad de que se trate de un complot es muy baja frente a la probabilidad de que cinco testigos y la huella en el arma estén delatando efectivamente al asesino.

Como ya se ha dicho, una evidencia es, por definición, algo que no cubre el ciento por ciento de las posibilidades, algo que deja margen a otras posibilidades para explicar el mismo hecho o situación. Pero saber si algo es o no evidencia no es nada sencillo. ¿Cómo evaluar para saber si algo constituye o no evidencia, especialmente en casos complejos como, por ejemplo, cuando se trata de la existencia de Dios?.

En el Apéndice I deducimos una regla que llamaremos la "regla de inversión"[74] y que utilizaremos bastante en este libro, para saber si algo es o no una buena evidencia de una hipótesis. La regla es la siguiente: supongamos que tengo una hipótesis A y quiero saber si un cierto hecho E constituye o no una evidencia a favor de esa hipótesis A. Entonces si la probabilidad inicial de que esa hipótesis sea cierta es de 50%, necesito plantearme la siguiente pregunta: si la hipótesis A fuese cierta, ¿cuál sería la probabilidad de que el hecho E tuviese lugar?. Si esta probabilidad es mayor que la probabilidad de que E tenga lugar si A no es correcta, entonces E se puede considerar una evidencia a favor de A.

La "regla de inversión" invierte los roles de los factores: la evidencia E es cierta y queremos saber si es cierta o no la hipótesis A. En el Apéndice I, utilizando un teorema de probabilidades llamado "Teorema de Bayes"[75], deduciremos que la forma de saber si E es una evidencia, es invirtiendo roles y dejando E en duda y asumiendo que A es cierta y luego que no es cierta y comparando.

Veamos un ejemplo sencillo. Un hombre llega de la calle con un paraguas. Sabemos que el hombre usa paraguas tanto para la lluvia como para el sol. Nosotros, encerrados en casa, no sabemos si hay sol o lluvia, pero el paraguas viene mojado, y tomamos ese hecho como evidencia de que está lloviendo. Sin embargo esto no es una demostración, porque en el camino alguien pudo vaciarle un balde de agua desde un balcón, o activar un regador cuando pasaba, etc.

Apliquemos la regla de inversión para saber si el hecho de que el paraguas está mojado es o no una evidencia de que está lloviendo. Nuestra hipótesis (A) será que está lloviendo. Quiero saber si la hipótesis es verdadera. La evidencia será el agua en el paraguas. Ahora, usemos la regla de inversión: ¿cuál es la probabilidad de que, si está lloviendo, el paraguas llegue mojado?. Sin ponernos excesivamente creativos, es de 100%. Y ¿cuál es la probabilidad de que, si está soleado, el paraguas llegue mojado, ya sea porque alguien le hizo una broma y le tiró agua o algún evento de ese tipo?. ¿Un 5%?. Dado que 100% es mayor que 5%, aceptamos el agua en el paraguas como evidencia de que está lloviendo.

Ahora apliquemos esto al Argumento del Diseño. No sé si existe un Creador de este mundo o no. Tomemos, por lo tanto, la siguiente hipótesis (A): existe un Creador Inteligente de este mundo. Digamos que queremos evaluar la evidencia (E), de que existen cosas, estructuras, seres complejos e interesantes en el universo.

Usando nuevamente la regla de la inversión, debemos preguntarnos lo siguiente: si A es correcta, ¿cuál es la probabilidad de que E haya tenido lugar?. En otras palabras: si existe un Creador Inteligente de este mundo, ¿cuál es la probabilidad de que haya cosas complejas e interesantes en el universo?. Esta es cercana a 100%, porque si Dios, el Diseñador Inteligente, hizo cosas con propósito y sentido, ello implica algún tipo de estructura. Y esta probabilidad es obviamente mayor que la de que E tenga lugar si A no es correcta, es decir, que existan tales estructuras sin haber Dios. Y esto es así porque, a pesar de que ciertamente es posible que la complejidad que vemos sea resultado de leyes de la naturaleza puramente azarosas, es fácil intuir, que por cada grupo de leyes naturales imaginables que generen realmente algún tipo de estructuras, existen billones de universos y de conjuntos de leyes naturales que no generan ningún grado de complejidad. Por tanto, como la primera probabilidad es mayor, E realmente constituye evidencia a favor de la hipótesis A: existe un Creador Inteligente del Mundo.

Podemos afirmar ahora que el Argumento del Diseño no es una demostración sino una evidencia de que existe un Diseñador Inteligente que está sobre la naturaleza, un Dios. Es decir que, entre las alternativas, "Dios existe" y "Dios no existe", el Argumento del Diseño, tal como aquí lo presentamos, refuerza la posibilidad de que Dios exista, de la misma forma que el agua en el paraguas, me dice que en realidad llovió.

Me gustaría ahora usar la regla del paraguas mojado y mostrar cómo se puede aplicar este argumento a un caso específico, apliquémoslo a la evolución. Primero tenemos que definir mejor nuestros conceptos para evitar otras confusiones. La confusión puede surgir, puesto que Dios podría haber creado el mundo de forma evolutiva —unos animales primero, otros después, etc.

El Argumento de la Evolución[76] se presenta como alternativa filosófica para explicar la complejidad de este universo. Ahora bien, es necesario diferenciar entre dicho argumento, por una parte, y por otra, los hallazgos de fósiles que van progresivamente desde organismos unicelulares hasta los más complejos, documentando así el fenómeno reconocido como el Hecho de la Evolución. Pero el nombre de "Argumento de la Evolución" puede oscurecer esa diferencia e inducir a error, ya que parecería que el Hecho de la Evolución y el referido argumento son lo mismo. Por conveniencia, entonces, vamos aquí a rebautizar este último: lo llamaremos Materialismo Evolutivo, para diferenciar mejor ambos conceptos..

Resumiendo, tenemos que la complejidad de la vida puede explicarse filosóficamente mediante dos teorías alternativas: Dios o Materialismo Evolutivo.

¿Cómo se decide racionalmente entre ambas?

Siguiendo el análisis del paraguas mojado, el Materialismo Evolutivo será equivalente a la posibilidad de que esté soleado y por alguna broma o error haya caído agua sobre el paraguas. Es posible que sea cierto, y que no haya un Dios que haya puesto las piezas y las leyes exactas para que la evolución pueda funcionar, pero no destruye el hecho de que esta precisión es fuerte evidencia para la hipótesis de que Dios existe.

Si lo pensamos bien, veremos que todos vivimos y definimos nuestra realidad basados a menudo en evidencias. Para saber qué es real y qué no lo es o para entender el mundo, no funcionamos siempre a partir de demostraciones sino, frecuentemente, tan sólo con evidencias. Y esto es así en casi todo ámbito de cosas; desde qué medicamentos tomamos cuando tenemos ciertos síntomas, hasta con quién decidimos casarnos. No contamos en estos casos con una demostración, tal como aquí la definimos, que pruebe sin lugar a dudas que para estos síntomas hay que tomar este medicamento, o que esta persona, y no otra, es con quien debe uno casarse. Nos basamos en evidencias que apuntan al medicamento correcto o a la persona indicada como la pareja para toda la vida.

Esta es la regla general: las evidencias construyen nuestra realidad, nos hacen decidir entre lo verdadero y lo falso y nos mueven a actuar sobre esa base. Antes de seguir, analicemos un poco más este concepto.

¿Cuánto hay que argumentar?

Cuando hablamos de evidencias surge una cuestión importante: ¿puedo de alguna forma determinar una verdad a partir de evidencias?. Es decir: ¿cuándo las evidencias me permitirán determinar la verdad absoluta (en el sentido de innegable incluso en el futuro lejano, tras mucho desarrollo tanto científico como filosófico)?. La respuesta será, a nuestro entender: nunca. Como veremos en este capítulo, nunca podremos estar cien por ciento seguros de nada.

Ahora, establecido lo anterior, ¿cómo se usan las evidencias?, ¿cómo sirven?. Partamos examinando qué papel cumplen las evidencias. en la ciencia.

La difícil pregunta de cómo funciona la ciencia, o cómo se justifican sus verdades, es muy antigua. El método que se utiliza en ciencia se conoce como inducción[77], entendida ésta, popularmente, como el arte de deducir reglas generales de casos particulares. Por ejemplo, si veo que los planetas giran en torno al sol en una elipse, y que los objetos caen con aceleración constante aquí en la Tierra, decido que hay una ley general según la cual todo cuerpo, donde quiera que esté, sin importar su tamaño, velocidad ni temperatura, en relación con otro cuerpo, se verá sometido a una fuerza de gravedad que actuará entre ambos y que puede determinarse mediante una simple regla. El problema es que dicho método tiene serios problemas, que examinaremos a continuación.

Para algunos, la dificultad con la inducción es un problema menor, que básicamente se resume en la pregunta: "¿Cómo sé yo que las leyes naturales no van a cambiar mañana?". El ejemplo clásico viene de David Hume, filósofo escocés de mediados del siglo XVIII, que dijo así: "¿Y cómo se yo que el sol va a salir mañana?"[78].

Pero este es un acercamiento al problema que, a nuestro modo de ver, y aun cuando introdujo en la filosofía una cuestión que no se había tratado con seriedad hasta ese momento, posiblemente trajo más daño que beneficio. Y esto porque el problema de la inducción es mucho mayor, como ya lo veía el filósofo greco-romano Sextus Empiricus, del siglo II E.C.[79], el cual observó:

"Cuando ellos proponen establecer leyes universales de casos particulares por medio de la inducción, harán esto mirando o todos o parte de los casos particulares. Pero si están revisando sólo algunos casos particulares, la inducción es débil, ya que algunos de los casos particulares omitidos en la inducción podrían contravenir la Ley Universal así generada. Y si ellos quisieran ver todos los casos particulares, estarían haciendo una labor imposible, ya que los casos particulares son infinitos" (Empiricus, 1933).

¿En qué consiste el verdadero problema de la inducción?. En que a partir de ciertas observaciones se desarrolla toda una película de lo que está pasando en el trasfondo de la situación y se extrapola a circunstancias que no han sido observadas.

Pero, y aquí está el corazón del problema, la cantidad de modelos que pueden satisfacer las observaciones, está en verdad limitada solamente por nuestra imaginación. Esto implica que no demostré una teoría sobre otra. Lo que en verdad puedo hacer es excluir un grupo de teorías y quedarme con un grupo más pequeño de posibles teorías.

Por ejemplo, Newton descubrió su Ley de la Gravedad[80], que establece que la fuerza gravitatoria que actúa entre dos objetos depende del cuadrado de la distancia entre ellos. Si uno de los objetos se sitúa el doble de lejos, la gravedad será 4 ($2^2=2*2$) veces más débil.

Pero, ¿cuáles fueron sus pruebas?. ¿Podría ser que en verdad la ley es que depende del cuadrado de la distancia sólo entre planetas, pero que a distancias terrenales la variación es levemente distinta?. ¿Y si alguien hubiera dicho que la realidad es como dice la teoría de Einstein[81]: que en ciertas circunstancias la fuerza varía según lo establecido por Newton, y en otras circunstancias varía de modo muy distinto?. Los experimentos para diferenciar entre esas posibilidades quizás serían demasiado finos para la época de Newton y no se habría podido saber.

Y no sólo en términos cuantitativos, sino también cualitativos. Newton pensaba que una fuerza actuaba entre los cuerpos. Pero luego vino Einstein y dijo: ¿fuerza?, ¿qué fuerza?, y explicó la supuesta fuerza que actúa entre los cuerpos como una curvatura del espacio y del tiempo[82].

Es decir, con una de las teorías más populares de la física, las leyes de la gravedad, existen muchas posibilidades que aún no han sido exploradas. ¿Por qué el científico dice que las cosas son como él dice, si podrían perfectamente ser distintas?. Porque lo que dice es lo más racional por el momento. Pero es puramente práctico, probabilístico, digamos. Se basa en lo que estamos llamando "evidencias". Incluso en las leyes más duras de la física, en el fondo estamos eligiendo la realidad no a partir de una demostración, de un ciento por ciento de certeza, sino como evidencia.

James Clerk Maxwell, uno de los más grandes físicos de la historia que vivió en el siglo XIX, desarrolló las ecuaciones del electromagnetismo, basado en que por todo el Universo existía una sustancia que estaba siendo tensionada por todos lados, debido a la cual se generaban campos magnéticos y eléctricos: era el famoso éter, que luego Einstein dejaría sin validez[83]. Pero el éter era un buen modelo, uno de los tantos modelos que uno puede llegar a imaginar, configurados por las mismas ecuaciones.

Estos ejemplos ponen de relieve el problema de la inducción: ¿cómo puedo decir, a partir de mis observaciones, que el modelo que tengo ahora es el correcto, si existen otras posibilidades?.

El punto, en el fondo, es que la ciencia no puede probar que una teoría es correcta. ¿La realidad última?. Puede ser que sea distinta a la que creemos hoy.

Sin embargo, podemos confiar en las propuestas científicas. El físico David Deutsch[84], en su libro "The fabric of reality", dice que la razón por la que podemos confiar en las teorías científicas (Deutsch, 1997) es que si por el momento dan las mejores explicaciones de todos los fenómenos observados, eso sería suficiente para confiar en ellas. ¡Ahh!, dirás tú, ¿confiar en leyes que van a fallar quizás en otras circunstancias, en casos extremos?. ¿Confiar en leyes que en lugares muy distantes del universo quizás no tendrán validez, por lo que habrá que atenerse a otra ley más fundamental?... Es cierto, siempre es posible imaginar escenarios donde la teoría se quiebre. Pero el punto importante es que a uno se le puede ocurrir otra descripción de la realidad, otra alternativa, que explique todos los fenómenos y que tal vez… ¡sea la correcta!. Por eso no podemos estar ciento por ciento seguros de la verdad de una teoría.

Hemos explorado un ejemplo de raciocinio, el método científico, que a pesar de no constituir ciento por ciento una demostración y estar basado en evidencias, es respetado como forma válida de llegar a opiniones racionales de lo que pasa en el mundo.

Quizás una clave para entender la debilidad con la que todo tipo de pensamiento se confronta, es ver la naturaleza probabilística, no sólo en términos epistemológicos, de la ciencia, sino incluso de la lógica misma[85]. Déjenme expandirme en este tema.

Hasta el siglo XIX el sistema axiomático de Euclides[86] en

su libro "Elementos" se veía como la base más sólida del pensamiento. La geometría que estudiamos en el colegio viene de él y por muchos siglos no existió el nombre de geometría euclideana porque se asumía que no existía otra. Esta era la verdadera geometría del mundo.

Euclides fue el primero en presentar el conocimiento de geometría que se tenía en esa época y mostró que todo se podía deducir de sólo cinco "presupuestos" o axiomas, es decir planteamientos cuya verdad se asume, se da por evidente, y que por tanto no requiere demostración. Por ejemplo, que entre dos puntos cualesquiera se puede trazar siempre una línea recta. O que un segmento se puede extender en forma continua e infinita en el plano. Parecía un pensamiento absolutamente sólido.

Sólo en el siglo pasado se empezó a descubrir que el sólido pensamiento lógico no era tan sólido[87]. Se descubrió que los razonamientos geométricos no estaban completos. ¡Que faltaban axiomas!. Siglos y siglos de matemáticos vanagloriándose de trabajar con la madre de las ciencias, de llegar a la verdad absoluta, y de pronto, ¡descubrir que sus bases mismas eran débiles!. Por ejemplo, se asumía que toda línea contiene al menos dos puntos y se dieron cuenta de que esto no puede ser probado por los axiomas existentes, y por lo tanto hay que agregarlo como axioma. Otro ejemplo, sutileza muy interesante: se asumía que círculos suficientemente grandes y cercanos se intersectan, es decir, se tocan en uno o dos puntos… pero descubrieron ¡que eso también debe considerarse otro axioma![88].

De hecho, hoy creemos que la geometría de nuestro espacio no es la de Euclides. La Teoría de la Relatividad de Einstein nos muestra que nuestro espacio no es plano[89], y por lo tanto, no es sólo que los axiomas de Euclides no son evidentes, ¡sino que en verdad no son ciertos!. Es decir que no se trataba sólo de un error técnico, sino que había un amplísimo y profundo error. Pobre Euclides, tan seguro que estaba, no podría haberlo imaginado.

¿Y qué hay de la filosofía?. Hay decenas de filosofías distintas, con argumentos y razonamientos diferentes. Hay filósofos que han dicho: "pienso, luego no existo". Parménides[90], uno de mis favoritos de infancia, demuestra con un solo y simple axioma —"El Ser es y el No Ser no es"— cómo el Ser es único e inmutable en todo sentido. Pero su archienemigo Heráclito[91] postula que todo es movimiento, flujo, e incluso más que eso, en la famosa metáfora del río, dice: "pisamos y no pisamos el mismo río. Somos y no somos". El río se mueve y donde pisé antes ya no es el mismo río. Pero de cierta forma sigue siendo el mismo.

¿Y el solipsismo?. ¿Quizás lo único que existe es mi mente y todo lo demás es un producto de ella?. Grandes filósofos lidiaron con esa posición[92].

En resumen, es difícil mantener un pensamiento lógico. Querer tomar el mundo y hacerlo finito en nuestra mente y en nuestra lógica, es una deliciosa y peligrosa tentación que induce a error, como sólo una amplia visión histórica nos lo puede revelar.

Hemos mostrado que tanto el pensamiento científico como el pensamiento filosófico o matemático, no constituyen ni ofrecen certezas. Y sin embargo, hemos desarrollado un sentimiento de lo que es "verdad", aun en estas circunstancias. Posiblemente la mejor forma de referirnos a esta percepción es la del llamado "sexto sentido", o quizás el "sentido común", ¡que obviamente como tantos han dicho, no es tan común!.

Ahora bien, volviendo al Argumento del Diseño, si uno siente que éste es insuficiente como evidencia, que en general no bastan las evidencias a favor, y uno exige que le demuestren casi al 100% que Dios existe, debe tener ya la convicción de que Dios no existe. Ante una simple duda, las evidencias normalmente bastarían para inclinar la balanza. Esa convicción en contra de la existencia de un Creador tendría que provenir de evidencias férreas contra la existencia de Dios, o de una educación y una sociedad que simplemente asumen su inexistencia.

Si la convicción de que Dios no existe, es producto de la educación y la costumbre, corresponde entonces, abrir la mente y aceptar que las características del asunto permiten exigir sólo evidencias, y no demostraciones y certezas.

¿Puede provenir la creencia de que Dios no existe, de pruebas o al menos, evidencias contundentes en Su contra?. El problema es que no hay pruebas de ese tipo; a menos que uno entienda, por ejemplo, que la presencia del mal en el mundo prueba la no existencia de un Diseñador. Pero la verdad es que eso sólo prueba que, si existe un Diseñador, uno no comprende Su comportamiento o no está de acuerdo con éste.... Es como sostener que Hitler no existió porque era un ser malo y de comportamiento inhumano e irracional.

Un error más, mi... la puede demostrar lo negativo, esto lo podemos controvertir en la lectura de Russel

Para clarificar este punto. Se podría argumentar que la existencia del mal es una evidencia en contra de creer que el Diseñador es bueno. Pero no toca el punto esencial de si existe un Diseñador. Para entender si ese Diseñador es bueno o no, se requiere otro tipo de argumentos[93].

Otra posibilidad sería decir que la falta de pruebas de la existencia de Dios es la prueba de que no existe[94]. Ahora bien, si la única "demostración" de que Dios no existe, se apoya en la falta de evidencia de su existencia, cuando se discute si hay o no una evidencia —que es justamente el debate sobre el Diseño— no se puede partir asumiendo que no existe tal evidencia.

Finalmente, existe un contraataque al Argumento del Diseño, que dice lo siguiente: si existe un Creador, que es capaz de realizar esta fantástica creación, entonces Él es más complejo aún que el universo, y por el mismo argumento debería haber sido creado—y así ad infinitum.

La verdad es que éste tampoco es un buen contraargumento, porque está aceptando que el universo tiene un Diseñador. Ahora, puede ser que ese Diseñador también tenga un Creador. Puede ser. Pero eso no eliminaría el hecho de que el universo y nosotros fuimos diseñados y creados. Es como negar que un hombre hizo un reloj, porque, si un hombre hizo un reloj, entonces el hombre es más complejo que el reloj, y ¿no deberíamos creer entonces que ese hombre fue creado también?. Sí, debiéramos en realidad creer eso, ¡pero eso no significa que el reloj no fue diseñado!.

Puedes ver el capítulo siguiente, donde explico por qué en realidad hace sentido creer que ese ciclo creación-creador, en algún momento se rompe.

Puntos Clave

- Vimos que el Argumento del Diseño es un argumento del tipo evidencia y no demostración.

- La regla de inversión entrega una útil herramienta cuando debo elegir entre dos hipótesis —y me dice básicamente que aunque la evidencia pueda ser explicada de otra forma, si esa forma es "menos probable", sigue siendo una buena evidencia a favor de una de las hipótesis.

- Utilizando esta regla sobre las hipótesis de la teoría de multiversos o de un Diseñador Inteligente, resulta ser que, el que el universo parezca hecho para la vida, es una evidencia de un Diseñador.

El Argumento Cosmológico de la existencia de Dios, o por qué se frena el ciclo Creación-Creador

Si dijimos que el Universo Madre necesita también ser diseñado, entonces, ¿por qué no decimos lo mismo de Dios?. Dios, siendo tan complejo, ¿debería también necesitar un Creador?. Y eso llevaría a una cadena infinita de Diseñadores/diseñados, lo cual sería finalmente absurdo y no serviría para demostrar la existencia de un Creador. ¿Cómo lo resolvemos?.

Recordemos que esto en realidad no es un argumento en contra de que el universo fue diseñado. De la misma forma que si encuentro un reloj en la calle y alguien me dice que el reloj se hizo sin querer y yo digo que no, que fue diseñado y creado, por alguien inteligente. ¿Qué importaría el hecho de que después me preguntara si se diseñó también al hombre que construyó ese reloj?.

Pero existe una respuesta más profunda. Partamos analizando un poco más el concepto de "explicación"[95].

Toda explicación debe conectar de alguna forma lógica, el fenómeno o cosa que pretende explicar, con otro fenómeno o cosa. Por ejemplo, si un niño pregunta: ¿por qué se prendió la luz?, uno podría responderle: porque puse la mano en ese botón. Así, uno conecta el hecho de poner la mano en un lugar específico, con el hecho de prenderse la luz.

Si el niño es más grande puede querer saber cómo funciona eso. Y entonces uno puede conectar el hecho de prender la luz con los cables que vinculan el botón con la lámpara. Estas son explicaciones válidas, pero el niño puede querer saber más y más.

En Ciencia se hace algo parecido: grandes triunfos científicos son precisamente unificaciones. Newton unificó los movimientos en la Tierra con los movimientos en los cielos y dijo que respondían al mismo principio[96]. Luego Maxwell unificó los fenómenos magnéticos con los eléctricos, y con ello también unificó el fenómeno de la luz con lo anterior[97]. Así hemos ido avanzando; ya se han logrado conectar tres de las cuatro fuerzas conocidas y se está intentando unificar o conectar la cuarta, la gravedad.

Si esto último se lograra, tendríamos una visión completa de todo el mundo físico a partir de un solo concepto. Esta explicación sería muy simple —aunque esa simplicidad no la hace fácil de comprender—, ya que esa teoría unificada tiene menos "límites" y divisiones sin explicar, como, por ejemplo: por qué hay precisamente cuatro fuerzas, o por qué cada fuerza tiene la potencia que tiene, etc. Ahora todo provendría de una sola idea.

Pero pueden plantearse muchas preguntas. ¿Por qué esa teoría y no otra?. ¿Cómo la realidad elige qué teoría seguir?. Hay otras teorías posibles, que no fueron elegidas por la realidad, como la del mecánico y determinista mundo newtoniano[98]. Podría haber sido, pero no fue. Y lo mismo respecto a una infinita cantidad de posibles leyes distintas. También podría haber sido un mundo newtoniano, pero sin la ley de acción-reacción[99]. O con una ley según la cual la fuerza de reacción fuera la mitad de la fuerza aplicada. Y así.

Si consideramos la mecánica cuántica, que nos dice que los objetos están en muchos lugares al mismo tiempo, como vimos en el capítulo "El Multiverso de Hawking más en detalle", y que la realidad es probabilística y no fija, ya que es algo probabilístico en qué universo "fantasma" estamos, las posibilidades imaginables son tantas que nos desbordan. Volvemos al punto: ¿quién o qué o cómo se eligió este sistema específico de leyes?.

Quisiera mencionar que una teoría completa debería explicar aspectos como la misma vida y elementos como la belleza, la justicia, el amor y el conjunto de la existencia humana.

Debería intentar explicarlo todo, relacionarlo con otros fenómenos, ya sean espirituales o físicos. Todos esos fenómenos también requieren estar incorporados en la explicación.

Cuanto más explicamos, unificamos y conectamos conceptos, menos elementos van quedando aislados. Hasta que finalmente llegamos a una causa maestra, la causa de todas las causas. Una causa en extremo simple, en el sentido de no requerir ya de más explicaciones y eso implica no tener límites de ningún tipo. En esta causa están contenidos todos los conceptos y todas las explicaciones-conexiones posibles. Sin embargo, en principio, no tiene necesariamente que existir esta "Causa Maestra", de la misma forma que los fenómenos físicos no tendrían que tener una explicación común —aunque la búsqueda de esa explicación es lo que mueve la investigación científica[100].

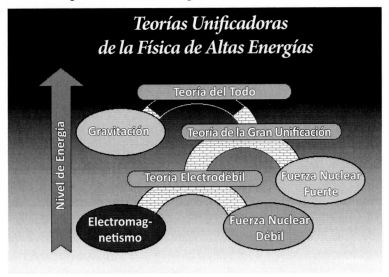

Figura 10 La unificación de las fuerzas mueve gran parte de la física teórica moderna

Esta causa, explicación o teoría maestra debe ser tal que incluya, de forma especial y unificada, todos los conceptos. Detengámonos aquí un segundo, ya que este punto es fundamental.

Las ecuaciones de Newton, por ejemplo, incluyen todas las trayectorias que podría seguir una bala de cañón lanzada con todas las fuerzas posibles, bajo la acción de todos los vientos posibles, en todos los ambientes imaginables, en todos los planetas existentes. De cierta forma, todas estas variables están contenidas en las simples ecuaciones de Newton[101].

Tal como ocurre en dichas ecuaciones, debería ocurrir en el caso de la "Causa Maestra": ésta debería en cierto sentido estar viva o contener la vida, debería amar, debería elegir, y contener en sí misma todas las leyes de la naturaleza, incluyendo la existencia física real —aunque ella misma no exista en forma física, según lo que entendemos por existir, así como las ecuaciones de Newton no son circulares aunque contengan trayectorias circulares—. A esa Causa Maestra de absolutamente todos los fenómenos, incluyendo la existencia física, se le denomina Dios. Y como esta Causa Maestra es absolutamente libre, no tiene reglas ni límites, elige lo que su libertad absoluta decide elegir—y también, por lo tanto, eligió que este mundo tuviera las leyes físicas y espirituales que tiene.

Esta forma de entender la existencia de Dios es lo que se conoce como "Argumento Cosmológico". Dios sería la "Causa Maestra", sin límite alguno que requiera una explicación, sin siquiera existir o no existir físicamente, pero con ambas posibilidades en Sí, de modo que es la Causa, incluso, de la existencia física misma[102].

Fíjense que ésta es, en cierta forma, la máxima culminación de la Ciencia, en el sentido de buscar explicación a todo, unificar todo en un solo megaconcepto.

Este argumento es muy antiguo —aquí sólo lo exponemos como más comprensible nos parece—. Históricamente se ha presentado de diversas formas, como en los casos de Platón y su demiurgo, o Aristóteles y su motor primero[103]. Pero es algo distinto a lo que aquí proponemos. Ellos apuntaban más a una explicación general del movimiento que se observa en la naturaleza, y de cómo ese movimiento se mantiene. Versiones de este argumento han alimentado a distintas religiones y filósofos durante siglos[104]. Una forma especialmente poderosa del argumento está basada en el Big-Bang y, según ella, o el universo empezó en el Big-Bang, o no hubiera comenzado en absoluto. Si empezó, ¿entonces quién lo creó?. Pero dar una versión detallada de esta prueba, sus pros y contras, nos llevaría muy lejos del propósito de este libro[105]. Habría que abordar cuestiones clásicas como, por ejemplo, la posibilidad de un rebote o ciclo eterno —cosa que desde hace diez años es más difícil de creer, pues el universo está acelerando su expansión, por lo que, a menos que hubiera un mecanismo oculto y no observado hasta ahora, alguna extraña fuerza por descubrir, el universo seguiría expandiéndose por siempre.

Es decir: lo que hace que un sistema se nos presente como diseñado no es su complejidad, sino los límites que existen en él, la selección de cosas que existen en él, que requieren causa y explicación. Pero ese último extremo adonde nos llevaría la unificación de la Ciencia, ese algo complejo y sin límite, Causa Maestra, viva pero no viva, existente pero no existente[106], sería Dios.

Exploremos esto mediante una fábula.

Ciertas hormigas viven en un plano (sólo en dos dimensiones) y no saben mirar hacia arriba. Si les dicen: "¡Hey, miren hacia arriba!", ellas simplemente se giran. Pero viene un cono tridimensional e intersecta al plano en un punto. Todas ven el punto surgir de la nada, se agrupan alrededor y las más sabias dicen: "Ese es un cono".

Luego el cono se desconecta del plano, y lo cruza en otro lado, pero ahora formando un círculo. Las hormigas más sabias dicen: "Ese es un cono".

Pero una hormiga niña pregunta: "¿Cómo, el cono no era

un punto? ¡Ahora me dicen que es un círculo!".

El cono entonces gira un poco, e intersecta el plano formando una elipse. "¡Cómo!", dice la hormiga niña. "¿Es un círculo o una elipse?".

Las hormigas sabias le dicen: "En verdad, nosotras no podemos imaginarnos el cono. Es un punto, pero no lo es. Es un círculo, pero no lo es. Es una elipse, pero no lo es. Podemos decir que es circular, y también elíptico, pero lo es de una forma que por ahora no podemos percibir".

En ese momento, una mano toma a la hormiga niña y la saca del plano, abriéndole el mundo a la tercera dimensión. Entonces ve el cono y lo entiende: es circular y no lo es, es elíptico y no lo es… Es otra cosa completamente distinta.

Así como el cono "unifica" de cierta forma y contiene en sí los conceptos de punto, círculo y elipse, del mismo modo decimos que, por ejemplo, en las ecuaciones de Newton[107] están contenidas y unificadas todas las trayectorias de todos los misiles que puedan ser lanzados —con todas las fuerzas posibles, en todos los ángulos posibles, en todos los planetas posibles. Y así también proponemos que Dios contiene en Sí todos los conceptos que le son posibles a nuestra mente y muchos más, en una unidad indivisible, concepto último del que todo parte. Y, como supraexplicación y supercausa, los contiene en forma libre e ilimitada —literalmente: sin límite alguno que requiera ser explicado.

Dios sería todopoderoso, es decir, sin límites a Su poder. Cualquier límite en Su poder exigiría explicación. Por ejemplo, si Dios no pudiera levantar la estrella más grande del universo, cabría preguntarse cómo se estableció ese límite. Este tendría que venir de fuera de Él, y en ese caso no estaríamos ante la fuente última y más básica de todo. Y si Él mismo se lo hubiera autoimpuesto no sería un verdadero límite, sería una elección.

Dios sería también omnisciente, es decir, sin límites a Su conocimiento. Y sería libre, sin reglas externas a Él que decidieran por Él. Todos estos atributos estarían unidos, fundidos en una misma idea. Es por eso que la Unidad Divina es un fundamento básico del pensamiento religioso. No significa simplemente que no haya otros dioses. En su profundidad, la Unidad de Dios significa que Dios es la base última de todo, literalmente todo, no sólo lo físico sino también lo conceptual: todo asentado en una sola idea sin límites de ningún tipo. Y por lo tanto, no requiere explicación, ni diseñador, y rompe el ciclo infinito Diseño-Diseñador[108].

Puntos Clave

- Una explicación es requerida cuando existen límites de algún tipo en algo. ¿Por qué hay dos fuerzas y no una?. ¿Por qué hay tantos tipos de partículas elementales?. ¿Por qué hay tres dimensiones espaciales y no más o menos?.

- La física intenta llegar a la explicación última de los fenómenos físicos, pero también existen conceptos sobre lo particular, como la justicia, la belleza, lo espiritual.

- Al buscar la "Causa Maestra" de realmente todo, esta explicación tiene que contener, sin límites de ningún tipo, todo lo que quiere explicar—y eso es lo que conocemos por Dios.

- Una vez que llegamos ahí, ya no hay más por donde ir para arriba o qué explicar, ya que está todo unificado, en un único concepto, que genera todo el resto.

¿El Big-Bang implica un Creador?

Como vimos en el prólogo, el segundo problema que intenta resolver Hawking en su libro es la pregunta sobre qué pasó antes del Big-Bang.

El 24 de Abril de 1992, se descubrió la evidencia de que el universo había partido en un Big-Bang. Una semana después, en "The Angeles Times" apareció una frase de Frederick Burnham[109], un historiador de la ciencia: "Estos descubrimientos, hacen que la idea de que Dios creó el universo sea una hipótesis más respetada hoy que en cualquier momento en los últimos cien años".

Hugh Ross, un astrofísico, ha escrito en forma muy persuasiva acerca de este tópico, y en su libro "The Creator and the Cosmos" dice lo siguiente[110]: "Por definición, el tiempo es la dimensión en la que los fenómenos de causa y efecto existen. Si el tiempo empieza al mismo tiempo que el universo, como dice el teorema del espacio-tiempo, entonces la causa del universo debe ser alguna entidad operando en una dimensión temporal completamente independiente y pre-existente al tiempo en nuestro universo. Esta conclusión es muy importante para entender qué es Dios y qué no es. Nos dice que el Creador es trascendente, actuando más allá de los límites dimensionales del universo. Nos dice que Dios no es el universo mismo, ni está contenido en el universo"

O por ejemplo, este magistral párrafo en el libro de Leon Lederman, Premio Nobel de Física del año 1988, "The God Particle"[111]: "En el instante del inicio, había un vacío—una curiosa forma de vacío—una nada que no contenía espacio, ni tiempo, ni materia, ni luz, ni sonido. Sin embargo, las leyes de la naturaleza estaban vigentes y este curioso vacío tenía un cierto potencial. Una historia lógicamente comienza en el inicio. Pero esta historia es del universo y desafortunadamente no hay información acerca del inicio mismo. Nada, ¡cero!. No sabemos nada del universo hasta que llega a la madura edad de un billón de un trillón de segundo—es decir, muy poco tiempo después de la creación del Big-Bang. Cuando tú leas o escuches cualquier cosa acerca del origen del universo, alguien lo está inventando. Estamos en el mundo de la filosofía. Sólo Dios sabe que pasó en el mismo inicio".

Charles Townes, ganador del Nobel de Física en 1964, dice lo siguiente[112]: "En mi visión, las cuestiones del origen parecen quedar sin respuesta si exploramos sólo desde un punto de vista científico. Por lo tanto, yo creo en la necesidad de una explicación religiosa o metafísica. Yo creo en el concepto de un Dios..."

Vemos entonces algo bastante increíble: el universo tiene un inicio. Y esto es una fuerte prueba a favor de un Creador, una prueba que Hawking intenta destruir, al igual que la anterior prueba basada en el diseño.

Hawking versus Big-Bang

¿Cómo pretende Hawking resolver el problema del Big-Bang?. ¿Qué creó el universo?.

En su libro, dedica solo una hoja a este problema y dice lo siguiente: "Si queremos crear un universo de la nada, este universo debe preservar la energía. Antes había energía cero, y ahora después de la creación debe haber energía cero. Por lo tanto, ya que la masa tiene energía positiva, ¿cómo se puede hacer que un universo tenga energía cero en total?. Gracias a la fuerza de gravedad, ya que es atractiva, tiene energía total negativa, y con un buen equilibrio entre la energía de la masa y la energía negativa de la gravedad, la suma podría ser cero".

Hawking lo resume así: "Porque hay una ley como la gravedad, el universo puede y se va a crear de la nada...creación espontánea es la razón de por qué hay algo en vez de nada, por qué el universo existe, por qué nosotros existimos. No es necesario invocar a Dios..."

Finalmente, pensaríamos, que la saga que empezó cuando Hawking demostró que el universo tenía que tener un inicio, se termina en este párrafo, donde finalmente plantea que encontró la forma de crear un universo de la nada sin un Dios.

Pero estudiemos el párrafo para entender a qué se refiere.

Cuando habla de creación espontánea, se está refiriendo a lo que trató en los capítulos iniciales de mecánica cuántica. La mecánica cuántica predice algo mágico, de lo que ya hablamos en el inicio del capítulo "¿Necesitaba Stephen Hawking nuevas teorías para hacer a Dios innecesario?: en el espacio vacío, de la nada misma, se crean protones o electrones u otros tipos de partículas, y luego rápidamente desaparecen. Esto hace que el vacío en verdad sea un burbujeante abismo lleno de partículas, que los físicos llaman virtuales[113].

El asunto es que estas partículas no surgen realmente de la nada. Tenemos ciertas condiciones básicas para que puedan surgir estas partículas virtuales: necesitamos que exista tiempo, espacio y que las leyes de la mecánica cuántica estén en pie.

Ahora, según la teoría del Big-Bang, antes del Big-Bang no hay tiempo, no hay espacio. No hay nada, pero la nada más profunda de todas[114]. ¿Entonces dónde quiere Hawking que se cree espontáneamente este universo?. La generación espontánea de partículas requiere de un espacio. Si no hay espacio ni hay tiempo, ¿cómo se puede plantear que exista generación "espontánea"?

¿Puede ser que sin mencionarlo, está recurriendo a la idea de "inflación eterna", es decir, que se refiera a un Universo Madre eterno, sin inicio ni final, que crea infinidad de universos paralelos y que uno de esos sería el nuestro?. No es claro, Hawking no lo menciona y el problema es que en varios de sus trabajos anteriores ataca la idea de inflación eterna[115].

La otra posibilidad es que esté pensando en su teoría "no-boundary"[116], donde el tiempo en el Big-Bang mismo no existe, es todo sólo espacio, sin tiempo, y luego el tiempo se "crea" repentinamente (aunque todas estas palabras impliquen tiempo). Es decir, puede ser que se esté refiriendo a que había espacio y ese espacio tenía ciertas leyes y luego variaciones cuánticas generaron el tiempo..., pero, la verdad es que si se está refiriendo a eso, se requiere de su parte una explicación más completa que solo una página escrita en font número 14 de un libro de divulgación para argumentar algo así e intentar hacerlo entendible.

En cualquiera de estos dos escenarios, ¿responde eso acaso a la pregunta de por qué existe algo y no nada?. Ni de cerca. A lo más lo que logra hacer es decir que el universo más básico, más original, es eterno[117]. Y este universo eterno genera el nuestro e infinidad de otros. O que al principio había espacio sin tiempo, sin explicar por qué podría haber algo así.

Incluso si Hawking en el futuro nos entrega una explicación más detallada de lo que quiere proponer, igual todo estaría basado en el hecho de que existe la gravedad, como el mismo dice: "porque hay una ley como la de gravedad, el universo puede y se creará a si mismo de la nada...". Si la pregunta que quiere responder, como dice en su libro, es por qué hay algo y no nada. Entonces, ¿cómo responde esto a esa pregunta?. Porque todavía debemos preguntar, ¿por qué hay una ley de gravedad?. O como vimos antes, ¿dónde está esa ley de la gravedad, si no hay espacio ni leyes naturales?

No hay respuesta de Hawking a esta pregunta y como evidencia, sigue apuntando en la dirección de un Creador del universo[118]. Lo que en realidad Hawking está intentando hacer, no es responder la pregunta que planteó sino otra. Y eso es lo que les quiero mostrar ahora.

Su problema era distinto. El 23 de Enero de 1983, en "The New York Times", en el artículo "The Universe and Dr. Hawking", dice lo siguiente: "En la teoría clásica de la relatividad general [...] el principio del universo tiene que ser una singularidad de densidad y curvatura del espacio-tiempo infinitas. En esas circunstancias dejarían de regir todas las leyes conocidas de la física [...] Parece muy razonable suponer que haya principios unificadores, de modo que todas las leyes sean parte de alguna ley mayor."

Es decir, le preocupa el hecho de que el Big-Bang sea un momento donde las leyes de la física conocida se rompen. El hecho de que las leyes se rompan podría implicar que en ese momento, el origen del Big-Bang, no había leyes naturales y tendría que ingresar ahí un creador. Y con su teoría "no-boundary" lo que intenta hacer es que nunca existan esos infinitos, que el momento del Big-Bang no sea un momento de quiebre[119]. Eso es todo—no resolver los problemas que plantea en su libro. Pero la verdad es que el problema de los infinitos en el momento del Big-Bang es un problema técnico que podría ser resuelto de muchas formas, y la teoría de cuerdas da otras soluciones a este problema[120].

Puntos Clave

- La creencia en un Big-Bang, donde el tiempo comienza, es para muchos una prueba más de que Dios existe.

- Hawking intenta responder que el universo pudo haber surgido de la nada, al igual que las partículas cuánticas surgen "de la nada".

- El juego de palabras es el problema. Partículas cuánticas surgen de la nada, donde nada significa espacio y tiempo pero no materia. Pero el universo tendría que salir de la nada absoluta, de una nada donde no hay tiempo, no hay espacio, ni por supuesto materia.

- Cualquiera de las dos propuestas analizadas para entender su propuesta falla en dar respuesta a la pregunta que pretende responder, que es "por qué hay algo en vez de nada".

- Por lo tanto, la fuerza del argumento por Dios basado en el inicio del tiempo sigue con la misma fuerza que antes.

En realidad no, esto solo nos muestra que los datos que tenemos aún están incompletos

Conclusiones Finales

Llegados ya al final del libro, bueno es que miremos hacia atrás y veamos cómo respondimos las preguntas con las que iniciamos el libro. Partimos formulando las siguientes preguntas:

1. ¿No fue Dios siempre innecesario para las explicaciones científicas?.

2. ¿Por qué se necesita un nuevo conjunto de teorías que lo hagan, ahora sí, innecesario?.

3. ¿Está Hawking negando la existencia de Dios?.

4. ¿Se puede con teorías científicas negar la existencia de Dios?.

5. ¿Acaso ciencia y religión realmente se tocan?.

Respondimos las preguntas 1 y 2, mostrando cómo durante el siglo XX la física fue poco a poco encontrando diseño en las leyes naturales, hasta el descubrimiento de la constante cosmológica. Ahora que se ve diseño, Dios parece ser necesario para crear el universo. Las nuevas teorías que propone Hawking para solucionar ese "problema" son teorías en las que una cantidad enorme de universos paralelos existen simultáneamente con el nuestro, cada uno con leyes naturales distintas, y por lo tanto es sólo natural que en alguno las leyes calcen. Esa sería la nueva teoría que hace a Dios innecesario.

Respondimos la pregunta 3 diciendo que sí. Pero hay una complejidad, ya que la respuesta de la pregunta 4 es que no, una teoría científica no puede demostrar que Dios no existe. Pero lo que puede hacer es dejar la creencia en Dios como una creencia sin evidencia. Y una vez que no hay evidencia para una creencia, la creencia deja de ser racional. No sería más valiosa que creer en hadas. Y así se respondía también la pregunta 5: se tocan de esta forma tan particular, en la que una teoría podría derrumbar el argumento del diseño, debilitando la creencia en Dios.

Hemos visto que el Argumento del Diseño es un perfecto argumento como evidencia de un Creador que creó el mundo con propósito. Y esto porque la probabilidad de existencia de vida y complejidad es en general mucho más alta si hay un Creador que si no lo hay (y la generación de complejidad está sólo ligada a los mecanismos de la mutación aleatoria y la selección natural que propone la evolución). Es posible, ciertamente, que la evolución lo explique todo por sí sola, pero el Argumento del Diseño a favor de un Creador, nos enseña que es evidencia de un Diseñador. También es posible que la tierra sea plana y todo no sea sino un gran complot para mostrarla como esférica, pero la evidencia que tenemos a favor de su esfericidad es sin duda mejor[121].

Hemos visto también que el Argumento del Diseño podría tener un contraargumento si pensamos que hay múltiples universos paralelos. Y vimos que esta idea reviste dos variantes: según una de ellas, hay muchos universos paralelos que surgen de un Universo Madre (cumpliéndose en todos ellos las leyes de la mecánica cuántica o de la Teoría de Supercuerdas). En este caso, observamos que tampoco éste es un contraargumento, ya que el hecho mismo de que entre las probabilidades de este Universo Madre, exista un universo donde se puede generar complejidad y vida, constituye un Diseño. Y a este respecto argumentamos que la existencia de millones de planetas en nuestro universo, no hace menos sorprendente el hecho de que en algunos de ellos se den las condiciones para que se genere complejidad. ¿No podrían haber sido todos altamente radiactivos?. ¿O todos soles?.

Luego, presentamos el argumento del paraguas mojado, para saber cómo decidir en el mundo de las evidencias, y el Argumento Cosmológico, presentado de una forma muy personal, para resolver el problema del ciclo infinito Diseño-Diseñador.

Por último vimos el argumento de la existencia de Dios a través del Big-Bang y cómo la solución de Hawking está lejos de ser una solución a los problemas que el mismo plantea.

Por tanto, permanece plenamente en pie tanto el argumento del Diseño como el argumento basado en el inicio del tiempo para la existencia de Dios. Ahora, querido lector, queda la segunda parte, y es pensar cómo se pasa de un Diseñador a un Dios[122]—como se entiende normalmente. Pero eso, es tema para otro libro.

Apéndice I.
Deducciones Bayesianas.

Para considerar el efecto de una evidencia E en la demostración de una teoría A, lo primero que se necesita es que la probabilidad de A, dado E, sea mayor que la probabilidad de A antes de saber E, lo que implica también que el negativo de A baja su probabilidad.

Representemos la probabilidad de A dado E de este modo:

El teorema de Bayes nos dice lo siguiente:

$$P(A|E)= \frac{P(E|A) \times P(A)}{P(E)}$$

Por tanto, si queremos que $P(A|E)$ sea mayor que $P(A)$, necesitaremos que:

$$P(A|E)= \frac{P(E|A) \times P(A)}{P(E)} > P(A)$$

Ahora, la probabilidad de E sola, en el aire, es difícil de calcular, así que mejor utilizamos esta identidad: $P(E)=P(E|A)$ $P(A)+P(E|-A)P(-A)$, donde $-A$ significa "No A".

Metiendo esto en la ecuación anterior y despejando, nos queda la siguiente condición:

Ecuación 1

$$P(E|A) > P(E|A)P(A) + P(E|-A)P(-A)$$

Y a esto llamaremos evidencia débil, ya que no necesariamente demuestra que la teoría A es la más probable, sólo le aumenta su probabilidad.

Por tanto, buscaremos un segundo factor, algo que llamaremos evidencia fuerte: queremos que la hipótesis A sea la verdadera, que

$$P(A|E)<1/2$$

Y eso implica, siguiendo matemáticas similares a las anteriores, que

Ecuación 2

$$P(E|A)P(A) > P(E|-A)P(-A)$$

Aquí tenemos dos ecuaciones importantes. La 1 nos dice que la probabilidad de A creció, y la 2 nos dice que su probabilidad es mayor que la de la otra hipótesis.

Veamos un caso muy importante:

La misma probabilidad a priori.

Impongamos esta condición: asumamos que, antes de saber la evidencia, uno estaba en la duda. Es decir, que tanto $P(A)$ como $P(-A)$ eran 0,5.

Si reemplazamos en las ecuaciones 1 y 2, nos quedan las dos diciendo lo mismo, que

Ecuación 2

$$P(E|A) > P(E|-A)$$

Y esta es la fórmula que usamos en el libro. En otras palabras, para saber si una evidencia aumenta la probabilidad de una opción, es preciso mirar las cosas al revés y preguntar qué pasaría si la teoría fuera cierta, cuándo sería la evidencia más probable.

Apéndice II:
Diseño en las leyes y evolución—otro punto de vista

Hay dos grandes formas de mirar ese indicio de inteligencia y diseño que se encuentra en el mundo. Una, la puramente estética, que es la de los científicos mencionados al inicio del libro, y que es posible negar: cualquiera podría decir que no ve tal cualidad estética, que no ve tal belleza.

La otra forma de mirar, o argumento del *fine-tuning*[123], es más reciente y está teniendo cada vez más aceptación en el mundo científico. Dicha forma, parte de la observación de que ciertos parámetros del universo tienen valores muy precisos, como para que pueda haber lo que nosotros entendemos por vida.

Aceptar la visión del universo *fine-tuning* no es necesariamente aceptar a Dios, y eso ha permitido que científicos ateos se sientan más cómodos reconociendo algo que antes hubiera sido muy complicado aceptar para ellos.

En general los textos que hablan de este tema[124] se concentran en ciertos parámetros del universo, como el valor de la fuerza gravitatoria o el valor de la constante cosmológica.

Pero abordemos este tema con un acercamiento algo distinto y más personal, pensando en lo que debe sorprender a cualquiera que estudie la naturaleza de nuestro mundo, ya que todos tenemos, o debemos tener, la sensación de lo maravilloso. Pero, ¿dónde está esa maravilla?. Tratemos de racionalizar un punto estético, que quizás molestará a los más puristas.

Quizás lo que a todos nos sorprende del universo, es lo lejos que está de ser simple. Pero el universo debería, en teoría, ser lo más simple posible. Cualquier límite pide responder la pregunta: qué decidió tal límite, bajo qué ley o regla fue regulado.

Lo más simple de pensar, el universo más simple posible,

es uno donde las leyes fundamentales son tan simples, tan "naturales", que no necesiten de mayores explicaciones. Si pudiéramos generar vida en un universo simple y pudiera haber evolución y se desarrollaran animales complejos, el Argumento del Diseño realmente estaría en problemas. Significaría que la evolución podría realmente, desde el cero de complejidad, generar estructuras complejas en cualquier circunstancia y eso destruiría realmente el Argumento del Diseño.

Pensemos si realmente la evolución funcionaría en cualquier caso y veamos los universos más simples posibles, que son los que, siguiendo el argumento de la simplicidad, podrían haber surgido.

Lo más simple de todo es el 0. De acuerdo con tal simplicidad —es decir si el universo correspondiera a 0—, no existiría nada. Pero es un hecho que, misteriosamente, algo existe. Y este simple hecho, que rompe los esquemas en ciertos sistemas de pensamiento, constituye una de las formas del Argumento Cosmológico, que se esgrime para probar la existencia de Dios. Pero vayamos más allá. Esta es la primera base para maravillarnos, el hecho de que hay algo, que aparentemente podría perfectamente no existir.

El paso siguiente, en cuanto a simplicidad, sería la idea de un universo compuesto por una sola partícula. Pero, obviamente, ese universo no podría dar lugar a ningún nivel de complejidad. Si ya somos, ¿por qué no somos una sola y simple partícula?. Maravilla.

Una idea un tanto más compleja sería la de un universo compuesto por infinitas[125] partículas, pero todas de un mismo tipo. Sería como mucha arena flotando. En este caso la pregunta es: ¿qué pasa si las partículas se tocan?. Pueden pasar dos cosas: o no interactúan y siguen de largo, como fantasmas[126] una sobre la otra, o chocan de alguna forma e interactúan.

En la situación anterior, lo más simple sería que las partículas no interactuaran. Pero, de ser así, el universo tampoco daría lugar a ningún nivel de complejidad. Un universo solo de fotones, solo de luz, no iría muy lejos. Eso sí, habría sido una opción muy simple y natural. ¿Por qué no fue el universo así de simple?. Maravilla.

La segunda opción, de mayor complejidad, es que las partículas choquen de cierta forma e interactúen. Para eso entre ellas, deben existir fuerzas de algún tipo. Ahora sí podrían aglomerarse y formar estructuras complejas. Y para ello, las fuerzas deben ser atractivas, pues si son repulsivas no se podrían formar estructuras. Sería como un mundo hecho solo de protones, partículas de carga positiva, y todos se alejarían de todos. Pero si las fuerzas son atractivas el panorama se pondría más interesante.

En este caso lo más simple sería que la distribución inicial de la materia fuera simétrica, es decir, que no hubiera irregularidades de ningún tipo, igual densidad de masa en una región que en otra—si no, habría que plantearse la cuestión de por qué o cómo se forman esas irregularidades y cómo se privilegian ciertos lugares y no otros—. Pero con una distribución simétrica, las fuerzas tampoco podrían generar estructuras, se aglomerarían todas las partículas en un lugar y no pasaría nada. ¿Por qué no fuimos un universo de puro polvo uniformemente distribuido y sólo con atracción gravitatoria?. Maravilla de maravillas.

Por si aún no está claro, intentamos mostrar un tipo de argumento de "fine-tuning" mucho más básico que el normal. En el normal, uno toma una constante universal o un grupo de constantes y pregunta por qué poseen exactamente los valores numéricos que permiten la complejidad. Aquí el argumento es más profundo: por qué la estructura más básica del universo es tal que permite complejidad. Sigamos.

La opción, entonces, debe ser más compleja: la distribución inicial debe ser asimétrica y así podrían generarse estructuras.

A partir de aquí, lo que debería pasar, es que todas las asimetrías formaran burbujas de materia que colapsaran en muchos "planetas". Pero con esta física tan básica no podrían formarse estrellas ni nada parecido, sólo habría bolas de masa flotando por el universo, las cuales también se atraerían entre sí, hasta que, finalmente, todo se contrajese en una enorme masa única, un planeta gigante. La descripción de lo que pasa es más complejo que esto, e implicaría por ejemplo que el planeta sería muy caliente, es decir que las partículas se estarían moviendo muy rápido dentro del planeta. Pero no habría algo más interesante que eso. Entonces, podemos maravillarnos más aun y decir: ¿por qué no fuimos simplemente un universo de polvo, aunque se haya iniciado de forma no uniforme?. ¡Maravilla!

Lo que se requiere para formar estructuras más complejas, que pudieran tener la oportunidad de ser llamadas vivas, es agregar otro tipo de fuerza y otra partícula. Aquí no importa si se trata de vida como nosotros la conocemos u otro tipo de vida nunca antes imaginada u observada. Como sea, todos concuerdan en que para que exista la posibilidad de cualquier tipo de vida —sólo la posibilidad, no la certeza—, incluso en su definición más general, debe darse la posibilidad de se formen sistemas suficientemente complejos. Para esto necesitamos tener dos tipos de partículas, partículas A y B, y tres tipos de fuerza distintos: entre partícula A y partícula B, entre una partícula A y otra A y entre una B y otra B.

Incluso en este caso, la probabilidad de formar estructuras estables es baja. En la mecánica newtoniana[127] (que uno podría argumentar es la más natural, con bolitas que chocan y se empujan) los sistemas en general son caóticos, por lo que cualquier tipo de interacción destruye rápidamente cualquier estructura que se haya formado.

En general las fuerzas generan ondas, como la electricidad y el magnetismo por ejemplo, que generan ondas electromagnéticas que son lo que conocemos como ondas de luz, ondas de radio, etc. Las ondas se llevan energía de un sistema, lo que de nuevo produce que los sistemas finalmente colapsen y se enfríen lentamente... y esto lleva a tal complejidad que debe entrar en juego la mecánica cuántica, para estabilizar los sistemas[128]. ¿Por qué no vivimos en un simple mundo newtoniano, con bolitas que chocan y sólo fuerzas eléctricas, donde no habría estructuras interesantes, y cómo llegamos a vivir en un mundo tan complejo, en el que aparece la mecánica cuántica. Maravilla y maravilla, todo es maravilla.

Y con estos pensamientos podemos entender mejor por qué incluso la evolución demuestra diseño.

El centro del racionamiento es delicado, así que le pido al lector especial cuidado al leer esto:

1. Si se cree que la evolución se dará siempre, en cualquier sistema de partículas que chocan entre sí, y

2. se cree que basta con que algo se reproduzca con pequeños cambios para que esos cambios se acumulen por millones de años y surja todo lo que a uno se le pueda ocurrir, como vida;

si así fuera realmente, la complejidad del Universo y la existencia de la vida no serían evidencia de que hay un Creador, ya que el Materialismo Evolutivo sería un sólido contra-argumento. Y esto es porque entonces, en cualquier universo que se nos pudiera ocurrir en el que pudiera haber un poco de complejidad, se daría un proceso evolutivo por el principio 1, y luego por el principio 2 ese proceso evolutivo sería suficiente para crear todas las complejidades que uno pudiera imaginar.

No estoy diciendo que un científico moderno crea 1 o 2. Estoy diciendo que en la mente popular, la razón por la que se cree que toda la belleza que nos rodea puede ser sin querer, sin un diseño de por medio, tiene que ser por creer en los dos principios arriba mencionados.

Pero las posibilidades de la evolución (reproducción y cambio) no funcionan en cualquier sistema, tal como es bastante obvio de ver si uno se imagina, por ejemplo, un mundo de legos de uno o dos agujeros. Deben darse condiciones muy especiales para que pueda empezar la evolución. De hecho, sabemos ahora que esas condiciones son mucho más especiales de lo que se pensaba en un principio.

En 1953, Stanley Miller y Harold Urey, de la Universidad de Chicago, publicaron un experimento que parecía vaticinar la comprensión de cómo surgió la primera vida en el planeta. Simulando algo que se creía debía ser la atmósfera terrestre en los inicios, y con unas chispas eléctricas que simulaban los rayos de las tormentas eléctricas de esa época, vieron que surgían naturalmente compuestos orgánicos.

Estaban todos muy felices porque la comprensión de cómo había empezado la vida parecía muy cercana.

Con los años de investigación, sin embargo, se vio que lograr llegar a moléculas que permitieran evolución no era nada de trivial. Se necesitaban moléculas que se replicaran, y que se replicaran con pequeños errores. Se requería llegar a formar esas moléculas antes de que la evolución pudiera empezar a trabajar.

De hecho, hasta el día de hoy no se entiende bien cómo empezó la vida, aunque hay muchas teorías: ¿Vino quizás la vida desde cometas o asteroides (la *panspermia* de Francis Crick[129])?. ¿O quizás partió todo con una gran sopa de RNA[130] que luego evolucionó a ADN?. El problema de esto último es que el RNA se forma uniendo oligonucleótidos, que son segmentos cortos de RNA de 50 o menos pares de bases[131], y según dos expertos en este tema —tras decenas de años de investigación de todos los caminos químicos posibles—, "... debido a la complejidad y a la estereoespecificidad química requerida, la aparición de la nada de oligonucleótidos en el planeta Tierra tendría que ser un milagro" (Dr. Gerald Joyce y Dr. Leslie Orgel, en "The RNA World" 2000).

Ciertamente otros investigadores podrían estar en desacuerdo con ellos, y existen otras ideas de cómo podría empezar la vida que se están investigando hoy en día; de hecho, no estoy argumentando que no es posible una explicación científica, sino sólo estoy argumentando que no es trivial generar vida de lo inorgánico. Es decir, que no de cualquier sistema surge vida. Nuestras leyes naturales parecen diseñadas en forma muy bella para permitir que existan las partículas justas con las condiciones justas que permiten que se formen moléculas interesantes.

La segunda premisa,

2. se cree que basta con que algo se reproduzca con pequeños cambios para que esos cambios se acumulen por millones de años y surja todo lo que a uno se le pueda ocurrir, como vida;

es también un error, pero más común en la mente de la gente de lo que uno pensaría.

El error en el punto 2 consiste en creer que la evolución inventa, crea, complejidad. Pero la verdad es que la complejidad ya está ahí en potencia en el sistema, y la evolución es sólo un método muy inteligente y natural de recorrerlo. Se podría decir que la evolución genera complejidad, en el sentido de que se ve con el tiempo que van surgiendo estructuras más complejas, pero eso no significa que la evolución cree esa complejidad. Déjenme explicar esto con más detalle.

¿Puede la evolución generar todo lo que a uno se le ocurra? ¿Surgirá alguna vez un ser humano como los superhéroes de las películas? ¿Un hombre elástico que pueda disparar su mano cientos de metros y achicarla para hacerla pasar bajo una puerta? ¿O una piel que se caliente hasta la temperatura del sol?...

La respuesta es no. Las posibilidades de evolución están fijadas de antemano, y no cualquier cosa es posible. Sólo son posibles aquellas estructuras que están formadas a partir del ADN. Son muchas, muy interesantes, y debe haber muchas sorpresas esperándonos en el futuro. Pero eso es porque las piezas, los átomos, fueron muy "cuidadosamente" seleccionados para que pudiera existir toda esa potencialidad.

Si meto piezas de lego a una caja y la bato por millones de años, saldrán sólo distintas formas que se pueden formar con legos. Si sale un robot, es porque metí piezas específicas que permitían formar un robot. En nuestro mundo, si tuviéramos toda la complejidad de la tabla periódica de los elementos pero faltara el carbón, no existiría vida ni ADN ni nada; de hecho, el inicio de la revolución que mostramos en este libro partió históricamente al darse cuenta que generar el carbón en el universo fue casi milagroso...

Dejenme mostrarles otra forma de entender lo que quiero decir. Supongamos que graficamos el conjunto de todas las formas y estructuras que pueden llegar a crear los átomos y moléculas a partir del ADN, como un gran vaso de agua, donde cada punto del agua representará una posible estructura. Es decir que todos y cada uno de los seres humanos que podrían llegar a existir, cada uno, está representado por un punto distinto en este vaso de agua. Ud., querido lector, es un punto, yo otro, y así. No sólo eso sino que cada posible perro, jirafa, bacteria, todo, absolutamente todos y cada uno de los seres vivos, los potenciales seres vivos incluso que todavía no han nacido, estarían representados por un punto distinto en el "agua" de este vaso. Entonces, si echáramos en él una gota de líquido azul, observaríamos un proceso lento y completamente aleatorio de difusión, en el que las moléculas del agua azul se irían esparciendo por todo el vaso hasta llegar a sus paredes.

La propuesta central del argumento del diseño con respecto a la evolución que estamos proponiendo aquí es que la evolución es sólo el equivalente de la difusión en el agua: es la forma en que el sistema recorre todas las posibilidades. Y es aleatoria, sí, como la difusión, pero el vaso de agua está puesto ahí por un diseñador. Las piezas las pusieron con un propósito.

Poniendo los dos puntos anteriores en forma positiva a favor del diseño, el argumento quedaría así:

El hecho de que el mundo:

1. tenga la estructura precisa para permitir que se formen estructuras y tenga lugar la evolución, y

2. que esa evolución lleve efectivamente a seres vivos interesantes, constituye el Diseño con respecto a la evolución.

De modo que la existencia de la evolución, como se entiende hoy en día, no sólo no se contrapone con un Diseñador sino que nos muestra parte de este bello Diseño que se llama nuestro Universo.

Apéndice III.
Nociones básicas de física de partículas y cosmología.

Para entender algunos contenidos del libro son importantes algunas nociones básicas del funcionamiento del mundo.

1. El mundo material está compuesto de átomos, partículas extremadamente chicas que forman la base de toda la materia, las cuales están catalogadas en la tabla de Mendeleiev.

2. Los átomos están compuestos por un núcleo —compuesto a su vez por protones y neutrones— alrededor del cual orbitan electrones.

3. Los protones tienen carga eléctrica positiva, los neutrones carga eléctrica neutra y los electrones carga eléctrica negativa.

4. Aparte de estas tres partículas básicas, existen cuatro fuerzas en la naturaleza: la fuerza de gravedad, la fuerza eléctrica, la fuerza nuclear fuerte y la fuerza nuclear débil.

5. Estas fuerzas son transmitidas por partículas de otro tipo. La fuerza eléctrica es transmitida por los fotones, que son también las partículas que forman la luz. La fuerza nuclear fuerte es transmitida por partículas llamadas gluones (del inglés glue, como goma) y la fuerza nuclear débil por partículas llamadas bosones Z y W.

6. En Cosmología, que es el estudio del universo como un todo, se cree que el Universo empezó con un Big-Bang y que se expandirá eternamente o se contraerá hasta implotar en lo que se denomina un Big-Crunch.

La "constante cosmológica" es un factor que se puede agregar a las ecuaciones de la gravedad y que funciona como una masa o energía que acelera o desacelera (dependiendo del signo) la expansión del universo. Originalmente formulada por Einstein para evitar la consideración de un Big-Bang (dadas las potentes consecuencias teológicas que esto parece tener), fue luego catalogada por el propio Einstein como el "peor error" de su vida.

Apéndice IV. ¿No es científico?

Una de las acusaciones hechas al movimiento en favor de un "Diseño Inteligente" es la de no ser científico. (Véase el Prólogo para entender mejor la diferencia entre la propuesta de dicho movimiento —según el cual la evolución no explica ciertas partes de la célula y por tanto no lo explica todo— y la nuestra —que no considera necesaria esa conclusión).

Cuando el Profesor Michael Behe, Profesor de Bioquímica de la Universidad de Leigh, Pensilvania, escribió su libro "Darwin´s Black Box", en su propia universidad declararon: "Aunque respetamos el derecho del Profesor Behe de expresar sus opiniones, éstas son sólo suyas y de ninguna forma están apoyadas por el departamento. Nuestra posición es que "Diseño Inteligente" no tiene una base en ciencia, no ha sido testeado experimentalmente y no debe ser considerado como algo científico".

Esto tiene sin embargo un fondo político y no realmente honesto. Todos han escuchado de la Teoría de Supercuerdas, la moda en física. En Wikipedia puede verse la siguiente frase: "...dicen que la Teoría de Cuerdas debería (estrictamente hablando) ser clasificada como algo distinto de Ciencia... porque una Teoría Científica, para ser válida, debe ser corroborada en forma empírica, es decir, a través de observaciones o experimentos". Pues bien, los físicos más grandes del momento, partiendo con Edward Witten, un ídolo de la física que trabaja en el Instituto de Estudios Avanzados de Princeton, y muchos otros, incluidos los físicos de la Universidad de Michael Behe, trabajan ahora en Teoría de Cuerdas. ¿Por qué Princeton, o por lo menos la Universidad de Leigh, no declaran lo mismo respecto a ellos?.

Se podría argumentar que hay una diferencia: quizás con suficiente desarrollo serían posibles los experimentos que finalmente probaran la Teoría de Supercuerdas. Pero esto mismo, respecto del "Diseño Inteligente" es más difícil de probar, porque no parece haber modo de someter a experimento su propuesta de que ciertas estructuras celulares no podrían resultar de la evolución. A lo más, se pueden ofrecer argumentos, que es lo que Behe hace. Pero si eso no es científico, entonces la evolución tampoco lo es: ¡no hay manera de probar que es falsa!. Por tanto, la Universidad de Leigh debería declarar lo mismo respecto a todos los biólogos que trabajan sobre la evolución.

Otro ejemplo: el famoso psicólogo B. F. Skinner[132] negaba todo lo relativo al comportamiento humano que no fuera medible u observable. Sin embargo está claro que existen factores no medibles ni observables a simple vista en la psicología humana, de modo que la estricta posición de Skinner resulta limitada y errónea.

Consideremos también los quarks, las partículas más básicas que conocemos: algunos físicos decían que no son realidades científicas porque no son observables (a diferencia de los protones y electrones, los quarks nunca están solos sino pegados entre ellos, formando otras partículas). Si no son observables, ¿no son hechos científicos?. ¡Toda la física contemporánea se basa en ellos!. En general, es mejor que sea la ciencia la que arrastre el carro de la filosofía, no al revés.

Entonces, ¿por qué con respecto al "Diseño Inteligente" se adopta una posición como la de la Universidad de Leigh?. Porque, en la cabeza de muchos científicos modernos que no le han dado demasiadas vueltas al asunto, toda teoría, para ser científica, debe excluir a Dios. Veamos, por ejemplo, esta afirmación del libro de Susskind (Susskind, 2005, páginas 196-197), donde se refiere a dos posibles formas de entender que el universo parece diseñado: "La primera es Creacionista: Dios hizo al hombre con algún propósito que estaba relacionado con la habilidad del hombre de apreciar y servir a

Dios. Pero olvidemos esa historia. Todo el punto de la ciencia es evitar esas historias..."

Muchos grandes científicos, durante siglos, han entendido la ciencia como una vía para aprender del mundo y escoger posibles teorías, mediante cuidadosas observaciones o experimentos inteligentemente realizados, buscando a la vez entenderlo todo como un sistema de Dios. Con este espíritu, la declaración de la Universidad de Leigh no tendría cabida. Uno puede creer o no en Dios, pero ambas posturas debieran respetarse como posibles hipótesis del mundo dignas de ser exploradas con el método científico. Y por otra parte, bien podríamos debatir con el Profesor Behe, acerca de cómo fue creado el mundo: él piensa que Dios creó ciertas estructuras en forma milagrosa, pero dicha postura no es necesaria ni para el Argumento del Diseño ni para establecer una teoría aceptable de la realidad. Pero una cosa es estar en desacuerdo y otra muy distinta es "acusar" de no ser científico.

Bibliografía

Abbott, E. A. (1884). *Flatland: A Romance of many Dimensions.*

Barrow, J. D., & Tipler, F. J. (1986). *The Anthropic Principle.* Oxford University Press.

Barrow, J. (2000). *The book of nothing : vacuums, voids, and the latest ideas about the origins of the universe.* Pantheon Books.

Behe, M. (1996). *Darwin´s Black Box: the Biochemical Challenge to Evolution.* The Free Press.

Borowitz, S., & Beiser, A. (1971). *Essentials of physics: a text for students of science and engineering .*

Bostrom, N. (2003). Are we living in a Computer Simulation? *The Philosophical Quarterly* , Vol 53, No 211.

Brian, D. (1995). *Genius Talk.* Plenum Press.

Caputo, M. (2000). *God – Seen through the Eyes of the Greatest Minds.* Howard Publishing Co.

Caputo, M. (2000). *God – Seen through the Eyes of the Greatest Minds.* Howard Publishing.

Chambers, A. (2004). *Modern Vacuum Physics.* CRC Press.

Craig, W. L. (2001). *The Cosmological Argument from Plato to Leibniz.* Wipf & Stock Publishers .

Craig, W. L. (2000). *The Kalam Cosmological Argument .* Wipf & Stock Publishers .

Craig, W. (1994). *Reasonable Faith.* Moody Press.

Darwin, C. (1993). *Autobiography: Charles Darwin and Nora Barlow. The Autobiography of Charles Darwin, 1809-1882: with Original Omissions Restored.* New York: Norton.

Davies, P. (2007). *The Goldilocks enigma.* London: penguin books.

Deutsch, D. (1997). *The Fabric of reality.*

Dicke, R. (1965). Cosmic Black-Body Radiation. *Astronomical Journal Letters* vol. 142 , 415.

Dicke, R. H. (1965). Cosmic Black-Body Radiation. *Astronomical Journal Letters* vol 142 , 415.

Feynman, R. (1970). *The Feynman Lectures on Physics.* Addison Wesley Longman .

Gabrielse, G. (1990). Thousandfold Improvement in Measured Antiproton Mass. *Physical Review Letters 65(11)*, 1317-1320.

Gamow, G. (1970). *My World Line: An Informal Biography.* New York: Viking.

Gould, S. J. (2002). *Rocks of Ages: Science and Religion in the Fullness of Life.* New York: Ballantine Books.

Hall, M. (1975). *The truth: God or evolution?* Baker Book House .

Hall, M. (1975). *The Truth: God or evolution?* Baker Book House .

Hawking, S. (1998). *A Brief History of Time.* Bantham .

Hawking, S. (1994). *Black Holes and Baby Universes.* Bantam.

Hawking, S., & Mlodinow, L. (2010). *The Grand Design.* Bantam Books.

Hempel, C. (1965). *Aspects of Scientific Explanation and Other Essays in the Philosophy of Science.* New York: Free Press.

Hoyle, F. (1981, November http://calteches.library.caltech.

edu/527/2/Hoyle.pdf). The Universe: Past and Present Reflections. *ENGINEERING & SCIENCE*, p. 13.

Hoyle, F. (1981, November http://calteches.library.caltech.edu/527/2/Hoyle.pdf). The Universe: Past and Present Reflections. *ENGINEERING & SCIENCE*, p. 12.

Jastrow, R. (1990). *God and the Astronomers Second Edition.* Readers Library.

Jastrow, R. (1990). *God and the Astronomers Second Edition.* Readers Library.

Joyce, G. F., & Orgel, L. E. (2005). Progress toward Understanding the Origin of the RNA World. In R. F. Gesteland, *The RNA World, 3rd Edition* (pp. 23-56). Cold Spring Harbor Laboratory Press.

Joyce, G. F., & Orgel, L. E. (2005). Progress toward Understanding the Origin of the RNA World. In R. F. Gesteland, *The RNA World, 3rd Edition* (pp. 23-56). Cold Spring Harbor Laboratory Press.

Kitcher, P. (1993). *The Advancement of Science.* New York: Oxford University Press.

Lederman, L. (2006). *The God Particle: If the Universe Is the Answer, What Is the Question?* Mariner Books .

Liddle, A., & Lyth, D. (2000). *Cosmological Inflation and Large-Scale Structure.* Cambridge University Press .

Mehra, R., & Prescott, E. C. (1985). The Equity Premium: A Puzzle. *Journal of Monetary Economics* 15 , 145–161.

Peebles, P. J. (1993). *Principles of Physical Cosmology.* Princeton University Press .

Penrose, R. (n.d.). Difficulties with Inflationary Cosmology. *Annals of the New York Academy of Sciences*, 271 , 249-264.

Penrose, R. (1991). *The Emperor´s New mind.* Penguin .

Penrose, R. (2004). *The Road to Reality: A Complete Guide to the Laws of the Universe.* London: Vintage Books.

Plantinga, A. (1990). *God and Other Minds: A Study of the Rational Justification of Belief in God.* Cornell University Press .

Railton, P. (1981). *Probability, Explanation and Information.*

Ross, H. (2001). *The Creator and the Cosmos: How the Latest Scientific Discoveries of the Century Reveal God.* NavPress Publishing Group.

Salomon, W. C. (1998). *Causality and Explanation.* Oxfor University Press.

Samuel M. McClure, D. I. (2004). Separate neural systems value immediate and delayed monetary rewards. *Science* 306 , 503-507.

Simone, A. D., Guth, A. H., Linde, A., Noorbala, M., Salem, M. P., & Vilenkin, A. (2010). B*oltzmann brains and the scale-factor cutoff measure of the multiverse.*

Smolin, L. (1999). *The Life of the Cosmos.* Oxford University Press.

Susskind, L. (2006). *The Cosmic Landscape: String Theory and the Illusion of Intelligent Design.* Back Bay Books .

Susskind, L., Dyson, L., & Kleban, M. (2002). Disturbing Implications of a Cosmological Constant. *JHEP10.*

Tiner, J. H. (1990). *Louis Pasteur: Founder of Modern Medicine.* Mott Media.

Tiner, J. H. (1990). *Louis Pasteur: Founder of Modern Medicine.* Mott Media.

Townes, C. (1995). *Making Waves.* New York: American Institute of Physics Press.

Weinberg, S. (1987). Anthropic bound on the cosmological constant. *physical review letters* , 2607.

Wheeler, J. A. (1999). *A Journey into Gravity and Spacetime.* W. H. Freeman .

White, A. D. (1896). *History of The Warfare of Science with theology in Christendom.*

Whitrow, G. J. (1995). Why Space has Three Dimensiones. *British Journal for the Philosophy of Science* vol. 6 no. 21 , 1.

NOTAS

1- Ver Hawking y Mlodinow (2010)

2- The Times Newspaper, el 2 Septiembre, 2010, acompañado por un artículo de portada que empezaba así: "La física moderna no deja espacio para Dios en la creación del Universo, concluye Stephen Hawking. De la misma forma que el Darwinismo removió la necesidad de un creador en la esfera de la biología, el más eminente científico británico argumenta que una nueva serie de teorías convierte en redundante el rol de un creador del Universo"

3- Napoleón preguntó a Laplace, importante físico y matemático, por qué no había una sola mención a Dios en el libro de cinco volúmenes de Laplace en que describe cómo funciona el sistema solar. Laplace respondió que "no necesitaba de esa hipótesis". La ciencia como tal debe intentar prescindir todo lo posible de explicaciones que se escapen de las leyes de la naturaleza. El punto de vista de la ciencia es intentar encontrar el máximo orden posible. Por lo tanto nunca ha sido necesario pensar en una intervención divina ya que en las explicaciones científicas no es necesario.

4- Este es un debate antiguo: algunos creen que ciencia y religión son contradictorios, ver por ejemplo a Andrew Dickson White (1832 – 1918) en su libro "History of the Warfare of Science with Theology in Christendom" (1896), que argumentaba la tesis del conflicto entre religión y ciencia. Otros plantean que religión y ciencia son independientes, como el biólogo evolucionista Stephen Jay Gould, quien dice que "ciencia y religión no se miran furiosamente uno al otro... (pero) se entrelazan en complejos patrones, y en cada nivel, como un fractal" (Gould 2002).

En nuestro libro el enfoque será el siguiente: en general ciencia y religión son independientes, excepto en un punto muy importante: si la razón por la que creo en Dios es por algo que veo en el mundo físico, entonces ahí sí ciencia y religión se enlazan. Si la razón por la que uno cree en un creador es por el Big-Bang, ya que el Big-Bang debe haber sido iniciado por algo ajeno al Universo, entonces si la ciencia pudiera explicar el Big-Bang y cómo se generó, sólo con las leyes naturales, mi creencia en Dios estaría en peligro. De la misma forma, si la única razón por la que creo en Dios es por el diseño que se observa en la vida, y viene Darwin y me explica cómo ese diseño puede generarse sin un Dios, mi creencia en Dios está en peligro. Si la razón por la que creo en Dios es por fe, porque creo en un alma, por otros argumentos más filosóficos como el ontológico (Plantinga, 1990), será cierto entonces que religión y ciencia dejarán de intersectarse.

5- Davies (2007), Smolin (1999), y Susskind (2006).

6- Stephen Hawking, en "A Brief History of Time", página 193—párrafo final del libro, dice:

> "Sin embargo, si descubriéramos una teoría completa, al pasar del tiempo debería ser comprensible para todos, no sólo para unos pocos científicos. Entonces todos, filósofos, científicos e incluso la gente común, podríamos tomar parte en la discusión de la pregunta de por qué nosotros y el Universo existen. Si encontramos la respuesta a esa pregunta, sería el triunfo final de la razón humana—porque en ese momento entenderíamos la mente de Dios"

Claramente, conociendo su visión de Dios, sabemos que esa frase era metafórica. Interesantemente en el libro de Hawking, "Black Holes and Baby Universes", habla más de este tema, y dice que este párrafo contribuyó a que el libro se vendiera mucho más. Él dice ahí "En las etapas de edición, casi corté la última frase del libro... Si hubiera hecho eso, las ventas habrían disminuido a la mitad".

Como las ventas de "Una Corta Historia del Tiempo" están en las 9 millones de copias, la decisión de Hawking de no editar esa frase habría tenido notables consecuencias.

7- Físico y matemático inglés, quién fue uno de los maestros de Hawking, y autor del libro "The Emperor's New Mind" (Penrose, The Emperor´s New mind, 1991), el cual se los recomiendo altamente, habla de física y del libre albedrío en forma muy iluminadora.

8- Esto es porque si el Universo tuvo un inicio, según la teoría de Einstein partió en un momento en el que las leyes naturales estaban rotas, todas las variables como temperatura y densidad de energía eran infinitas, y por lo tanto, como en el momento mismo del inicio no hay leyes naturales, el Universo tiene que haber sido creado. Hablaremos más de este argumento en el libro, pero para un análisis más filosófico del tema ver el libro de Craig, 1994.

9- Las constantes universales son todos aquellos números que aparecen en las ecuaciones de la física. Por ejemplo, la velocidad de la luz es una constante universal; o la constante de la gravedad de newton, que fija la relación entre masa y fuerza gravitatoria. Pero hay otras, como la masa de un protón, o la carga de un electrón. En general, hay cientos de constantes universales.

10-Es importante notar que aquí sólo se puede argumentar por un Diseñador, que no es lo mismo que un Creador. Cuando vemos que el Universo parece hecho de acuerdo a reglas inteligentes, podríamos pensar que un ser tuvo el poder de diseñarlo, de variar sus reglas y leyes, pero no necesariamente de crear toda la materia de la nada. El argumento para un Creador y no necesariamente un Diseñador, podría ser el argumento basado en el inicio del tiempo en el Big-Bang (Craig W. L., The Kalam Cosmological Argument , 2000). Esto lo analizaremos en la segunda mitad del libro.

Por lo tanto, hablaremos aquí de un Diseñador y no de un Creador. Tampoco es posible hablar de un Dios con las implicaciones morales que contiene la palabra. Para eso, remito al lector a mi libro "De un Diseñador a un Dios", pronto a ser publicado.

11- Como la desarrolla el filósofo Británico y teólogo William Paley (1743 – 1805) en su libro "Natural Theology", que influenció profundamente a Darwin.

12- Donde argumentan que Dios guía el proceso evolutivo y que éste no es aleatorio. Es decir, las mutaciones que va sufriendo el ADN son guiadas en vez de puramente naturales. Pero el argumento de la evolución materialista dice que sí se puede explicar el hecho de la evolución con cambios cien por ciento aleatorios, y por lo tanto ya no sería necesario un Dios. Nuestro acercamiento será mucho más fundamental: aceptaremos que los cambios son aleatorios, y aun así podremos ver diseño. Ver en especial el final del Apéndice II.

13- El movimiento surge en los últimos años, y se le conoce en inglés como "Intelligent Design". Ver http://www.discovery.org/

14- El argumento es ingenioso, y puede ser examinado en libros como el de Michael Behe. (Darwin´s Black Box: the Biochemical Challenge to Evolution, 1996)

15- Ver apéndice III para una discusión del tema de que sí es o no ciencia.

16- Esto remeció los fundamentos de la cosmología, ya que se suponía que la gravedad frenaba, es decir, desaceleraba la expansión. Ver los siguientes papers: Riess, A. et al. 1998, (Astronomical Journal, 116, 1009) y también Perlmutter, S. et al. 1999, (Astrophysical Journal, 517, 565).

17- Einstein propuso introducir en sus ecuaciones la constante cosmológica para evitar que el Universo se estuviera expandiendo o contrayendo y así lograr que se mantuviera estático. Cuando se descubrió que el Universo se estaba expandiendo, Einstein dijo que introducir la constante cosmológica había sido el peor error de su vida. Ahora, irónicamente, desde que se descubrió que el Universo está acelerando su expansión, sería aparentemente necesario reintroducir la constante cosmológica.

18- El Big-Bang fue propuesto por primera vez por Georges Lemaître, astrónomo belga y profesor de física de la Universidad Católica de Louvain. Propuso lo que se conocería luego como la teoría del Big-Bang del origen del Universo, pero la llamó la "hipótesis del átomo primordial". El modelo consiste en aplicar las ecuaciones de la relatividad general de Albert Einstein junto con algunas asunciones simplificadoras (como que el Universo es homogéneo e isotrópico— aunque isotrópico no suene como una asunción simplificadora, lo es: estas dos condiciones significan básicamente que el Universo es como un gas igualmente distribuido en todas las direcciones). Las soluciones para este modelo fueron encontradas por Alexander Friedmann. En 1929, Edwin Hubble descubrió que todas las galaxias y cúmulos de galaxias que observó tienen una velocidad aparente respecto de nosotros, y mientras más lejos, más rápidas. Fred Hoyle fue el creador del nombre Big-Bang en un programa de radio el año 1949. En general se cree que Hoyle, que favorecía un modelo estático del Universo, quería que este nombre fuera peyorativo, aunque posteriormente negó eso diciendo que sólo quería que fuera una imagen chocante que lograra resaltar la diferencia entre los dos modelos.

19- En forma más precisa, entre los planetas, en el sistema solar, hay unos 10 átomos por centímetro cúbico. Pero entre galaxias hay un átomo por cada metro cúbico. Ver (Chambers, 2004)

En promedio en el Universo, contando todo, planetas, estrellas, galaxias, polvo, etc. se estima que hay una densidad de $9.30 \times 10 - 27$ kg/m3, y como la unidad de masa atómica es de $1.66 \times 10 - 24$ g, nos da unos 4 átomos por metro cúbico.

En comparación, el aire que respiramos contiene aproximadamente 10.000.000.000.000.000.000 de moléculas por centímetro cúbico. Ver el libro de Borowitz y Beiser (Essentials of physics: a text for students of science and engineering, 1971).

20- Cámaras de vacío ultra-alto, comunes en química, física e ingeniería, funcionan bajo un trillonésimo ($10 - 12$) de la presión atmosférica, y pueden llegar a alcanzar 100 partículas/cm3, ver (Gabrielse, 1990)

21- Mientras más lejos de nosotros, las galaxias parecen alejarse más rápido. Las galaxias como Virgo, a 15 megaparsecs (un megaparsec es aproximadamente 3,26 millones de años luz), tienen una velocidad de 1.000 km/sg. A mayor distancia, como Ursa Mayor, que está a 190 megaparsecs, la velocidad es de 15.400 km/sg. Para comparar, una bala muy rápida viaja a 1 km/sg.

22- La verdad es que no podríamos llegar a la velocidad de la luz, está prohibido por las leyes de la relatividad especial que descubrió Einstein en 1905.

La luz que nos llega de las galaxias más lejanas que podemos observar, ha viajado 13 mil millones de años. En ese tiempo la galaxia ha seguido alejándose. En este momento, esas galaxias, las más lejanas que podemos ver, están a 35 mil millones de años luz de distancia.

Si enviáramos un rayo de luz hacia ellas, en el tiempo que se demora en llegar donde la galaxia está hoy en día, ella se habría seguido alejando aun más. En resumen, se demoraría en realidad bastante tiempo, por lo tanto, ¡ni siquiera disparando un rayo de luz podríamos esperar que volviera a nosotros!

Una pregunta interesante es qué pasaría si yo viajara a una velocidad cercana a la de la velocidad de la luz. En ese caso, según la teoría de la relatividad, el tiempo para mí pasaría más y más lento. Si llego a una velocidad lo suficientemente cercana de la velocidad de la luz, podría lograr que un segundo para mí fueran, digamos 100 mil millones de años en el exterior (supongamos que ese fuera el tiempo que le toma en llegar a la última galaxia que podemos observar). Por lo tanto, en un segundo de tiempo mío podría llegar a las galaxias más lejanas que podemos observar hoy en día. Y si ahí está realmente el "fin" del Universo (algo muy dudoso pero posible), ¡quizás sí podría volver al lugar donde partí en el siguiente segundo!

23- Materia antigravitatoria: una materia de la que se habla en novelas futuristas cuya característica sería que en vez de atraerse a otra materia normal, se alejaría. Esta materia es por el momento un pigmento de la imaginación ya que nunca ha sido observada.

24- Paul Davies (The Goldilocks Enigma, 2007)

25- Y. A. Golfand and E. P. Likhtman, "Extension of the Algebra of Poincare Group Generators and Violation of P Invariance," JETP Lett. 13 (1971) 323 [fue reimpreso en el libro "Supersymmetry", Ed. Ferrara, S. (North-Holland/World Scientific, Amsterdam/Singapore, 1987), Vol. 1, p. 7]; ver también D. V. Volkov and V. P. Akulov, "Is the Neutrino a Goldstone Particle?" Phys. Lett. B 46 (1973) 109; y ver también J. Wess and B. Zumino, "Supergauge Transformations in Four-Dimensions," Nucl. Phys. B 70 (1974) 39.

26- En lenguaje más técnico, un Universo sería supersimétrico si por cada partícula que cayera en la categoría de bosón, existiera una de idéntica masa, carga y todas las otras características de la partícula, pero que fuera un fermión.

27- Para entender qué significa esto, supón que quieres calcular cuánta fuerza eléctrica debería generar tu propio cuerpo, y sólo conoces la existencia de los protones, de carga positiva. Calculas tu peso, ves cuántos protones deberían haber según tu masa: un protón pesa 1,67 billonésimo de un billonésimo de un billonésimo de un kilogramo. Para un humano promedio que pesa 71 kilogramos, tendríamos que hay aproximadamente 40 billones de billones de billones de protones. Por lo tanto, debieras tener una fuerza eléctrica tremenda. ¡Debería ser capaz de atraer el sol hacia ti! Sería imposible que pudiéramos vivir así, esa fuerza eléctrica nos destruiría.

Esto es parecido a lo que ocurre con el cálculo de la energía del vacío. Un sencillo cálculo con las partículas que conocemos hoy en día nos muestra que debería existir una energía tan grande que todo sería destruido por la enorme fuerza de repulsión.

Volvamos al cuerpo humano. Preocupados, decidimos medir, y al principio parece que en realidad, ¡la fuerza es cero!. Así que desarrollamos una teoría llamada "cuerpo súper-simétrico", donde postulamos que por cada protón, siempre debe haber una nueva partícula de carga positiva que lo anule que se llama "electrón", o "súper protón" (no es "súper" porque sea un héroe, sino sólo para indicar que es el compañero del protón).

En nuestro paralelo, eso intenta hacer la súper simetría. Crear una "superpartícula" que anule justo a cada partícula que conocemos de forma que se cancele toda la fuerza. ¿Creativo, no?

Y ahí nos quedamos felices por un tiempo hasta que vemos que en realidad en el cuerpo humano si hay un

poco de carga eléctrica, pero que es de 0,000000000
00000000000000000000000000000000000000000000
000000000000000000001 veces nuestro cálculo teórico
original para todos los cuerpos vivos durante toda la historia de la humanidad.

Es decir, tendríamos que postular que casi todos los protones tienen electrones de compañeros, pero no todos.
¿Cómo es eso posible? Deben haber muchos tipos distintos de protones, y sólo algunos deben tener electrones y no
todos. Por eso decimos que el mecanismo para generar ese
número sería muy complejo. Y supongamos que nos damos cuenta de otra cosa muy importante: si la cancelación
entre los distintos tipos de protones y sus súper compañeros se hubiera roto más, ya sea sólo 10 veces más, tampoco
podríamos vivir. ¿No empieza a parecer eso ya como algo
más allá que mera ciencia naturalista?.Más o menos eso es
lo que pasa con la constante cosmológica.

28- Ver el paper de Steven Weinberg (Weinberg, 1987), quien
fue premio Nobel de Física el año 1979.

29- Este cálculo asume que la flecha es un punto que viaja a
una velocidad cercana a la de la luz y que la distancia que
recorre es de un orden de magnitud de 1.000 billones de
años luz. Esto es así porque como en este momento las
galaxias más lejanas están a una distancia de 35 billones
de años luz (la luz que nos llega de ellas lleva 13 billones
de años luz viajando, pero en esos 13 billones de años luz,
la galaxia se ha alejado de nosotros otros 22 billones de
años luz), la distancia en este momento desde una galaxia
lejana a un extremo hasta la otra al otro extremo es de 70
billones de años luz, pero en el tiempo que la luz toma
recorrer esos 70 billones de años luz, ya se han alejado
muchísimo más, así que un orden de magnitud de 1.000
billones debe ser más o menos lo correcto. Si es así, y el
diámetro de un átomo es de 10-10 metros, y tengo que

acertar a un blanco a una distancia de 1.000 billones de años luz, es decir a 1028 metros. El ángulo que se "ve" del átomo a esa distancia es más o menos el diámetro del átomo dividido por la distancia, es decir, 10-38, que es más o menos lo que dijimos. Si no sólo hay que apuntarle en forma horizontal, sino también vertical (puedo rotar en el espacio en cualquier ángulo) se transforma en el doble de difícil, y ya es aproximadamente 10-70. Aún así está muy lejano de los 10-120 que serían necesarios para la precisión de la constante cosmológica que se observa.

30- Astrofísico británico, 1915-2001, uno de los primeros en llamar la atención sobre las grandes coincidencias que se estaban produciendo en los valores de las constantes de la naturaleza que permitirían la vida. Veremos más de él más adelante en el capítulo.

31- Ver el paper de Susskind, Dyson y Kleban (Disturbing Implications of a Cosmological Constant, 2002)

En este paper, estos profesores de Standford y MIT examinan algunos de los problemas asociados con una constante cosmológica. Plantean que las implicaciones de una constante cosmológica "llevan a profundas paradojas, que parecieran requerir una revisión fundamental de nuestras asunciones normales". Admiten que "no hay una explicación universalmente aceptada de cómo el Universo llegó a este estado tan especial" y que su estudio "lejos de proporcionar una solución al problema, va a conducir a una crisis perturbadora". Admiten también que "algún agente desconocido inició originalmente la inflación muy alto en su potencial, y el resto es historia".

32- Lee Smolin. (The Life of the Cosmos, 1999).

33- Steven Weinberg (Weinberg, 1987).

34- Como ejemplo, si existieran hormigas que viven en una mesa y sólo pueden mirar hacia el frente, es como que estuvieran viviendo en 2 dimensiones. Si alguien les dijera "mira para arriba", a lo más mirarían para atrás. Nunca entenderían qué es realmente mirar hacia arriba. El clásico "Flatland: A Romance of Many Dimensions" (Abbott, 1884), describe en detalle cómo sería vivir en mundos con dimensiones más bajas que tres.

35- Gerald James Whitrow (1912-2000), matemático y cosmólogo británico. Ver su paper "Why Space has Three Dimensions" (1995).

36- Por ejemplo, las órbitas planetarias serían inestables y la Tierra rápidamente entraría en una espiral hacia el Sol. Los átomos estarían afectados por el mismo problema.

37- Aunque se teoriza que podría generarse vida con el átomo de silicio, ya que el silicio tiene muchas propiedades químicas similares al carbono y al igual que éste, puede crear moléculas que son suficientemente largas como para llevar información biológica.

Sin embargo, el silicio tiene varias debilidades como alternativa al carbón:

1. El silicio, a diferencia del carbono, no tiene la habilidad de formar lazos químicos con diversos tipos de átomos, que permite la versatilidad química necesaria para el metabolismo. Elementos que pueden agruparse con el carbono incluyen el hidrógeno, oxígeno, nitrógeno, fósforo, arsénico, sulfuro, y varios metales como el hierro, magnesio y zinc. El silicio, por otro lado, interacciona con muy pocos átomos.

2. Incluso cuando interacciona con otros átomos, el silicio crea moléculas que han sido descritas como "monótonas comparadas con el Universo combinatorio de los macromoléculas orgánicas (de carbón)" Esto es porque los átomos de silicio son mucho más grandes, tienen más masa y radio atómico, y por lo tanto tienen

dificultad formando lazos covalente dobles o triples, que son importantes para un sistema bioquímico.

Para más información, ver el artículo de Pace, (2001). "The Universal Nature of Biochemistry" Proceedings of the National Academy of Sciences of the United States of America 98 (3): 805–8.

En la práctica, no conocemos organismos vivos basados en silicio. Por lo tanto, por ahora es seguro continuar con nuestro argumento, ya que incluso si con el silicio se pudiera crear organismos vivos, de todas maneras es impresionantemente difícil poder hacerlo; el átomo tiene que tener características muy finas para que logre formar estructuras suficientemente complejas como para que se llamen vivas. Es decir, incluso si con el silicio se pudiera hacer vida, todavía diríamos que sin silicio ni carbono, no se podría formar. No veo como eso podría cambiar al argumento. Entre los 100 distintos tipos de átomos que hay, sólo uno, y quizás dos, tienen las propiedades que se necesitan para generar la vida.

38- Gamow "My World Line: An Informal Biography" (1970).

39- Palabra griega para hablar de masa sin forma.

40- Gamow "apodaba" así a otra forma del átomo de helio.

41- Los que vienen después del átomo de uranio, que son muy pesados, con números atómicos sobre 92.

42- Ya que si hay reproducción y los cambios son pequeños, se pueden ir sumando. Nunca olvidar el argumento central: el hecho de que se logre formar estructuras complejas y vida, significa que ese potencial ya existía en las características de los átomos del Universo. Ahora que se puede, sirve efectivamente ir sumando pequeños cambios.

43- Es la propiedad de un átomo de atraer electrones hacia sí mismo.

44- Ver apéndice II.

45- En el año 1974, el astrónomo Brandon Carter introdujo la noción de "principio antrópico" que plantea que la sintonización precisa que encontramos en las constantes de la naturaleza, no son simplemente productos del azar sino que de alguna forma estaban incrustadas en la estructura del Universo. Ver su paper "Large Number Coincidences and the Anthropic Principle in Cosmology," en el libro de M. S. Longair, ed., "Confrontation of Cosmological Theory with Astronomical Data" (Dordrecht: Reidel, 1974), pp. 291-298, reimpreso en el libro de Johan Leslie, "Physical Cosmology and Philosophy" (New York: Macmillan, 1990).

46- Es un proceso que se llama "decaimiento", donde una partícula más pesada que otra "decae" espontáneamente a la más liviana y pierde energía para compensar la pérdida en masa.

47- Ver muchísimos ejemplos de estas "coincidencias" en el libro "The Anthropic Cosmological Principle", de Barrow, Tipler y Wheeler, tres científicos excepcionales. Ver Apéndice II para un punto de vista distinto de cómo pensar en Diseño.

48- Existen sólo ciertas soluciones posibles al problema de la perfecta sintonización que encontramos en las constantes de la naturaleza: el primero es que la vida surgirá siempre, incluso con parámetros exóticos y leyes que aparentemente creemos que no podrían generarla. La parte difícil de esta respuesta es que en general, los parámetros no sólo no permitirían la vida, sino que, por ejemplo en el caso de la constante cosmológica, no permitirían ninguna estructura. El segundo y tercero son los discutidos aquí: un Diseñador o un Multiverso. La cuarta es que fue sólo suerte. Ver la caja "Sobre Probabilidades" (pág. 36).

49- Es la última teoría que se está desarrollando en física que intenta unificar la mecánica cuántica con la teoría de la relatividad general de Einstein.

50- Estas cinco teorías de cuerdas tienen nombres interesante, intentando competir con los nombres complicados que encontramos en biología y química. Esto es probablemente para compensar el que los físicos se han sentido ridiculizados al nombrar los quarks con nombre muy simples, como "arriba", "abajo", "encantado", etc. Ahora intentan sobrecompensar: dos de estas teorías se llaman teorías de cuerda heteróticas SO(32) y E8×E8. Es la opinión de este autor, que estos nombres realmente ponen a los físicos de vuelta en un mundo de respetabilidad.

Los otros nombres ya solo demuestran falta de creatividad: teoría abierta del tipo I, cerrada del tipo I, o cerrada del tipo IIA y IIB. Yo la verdad los habría llamado teoría violín, chelo, viola y teoría guitarra. Si Witten está leyendo esto, siéntase autorizado a llamarme, normalmente doy consejos de cómo poner nombres.

51- Con libros como el de Susskind (The Cosmic Landscape: String Theory and the Illusion of Intelligent Design , 2006) o el de Hawking (The Grand Design 2010).

52- Sería la única forma de entender que las leyes naturales sean tan específicas y parezcan construidas como para poder generar vida.

53- La primera pregunta que vimos al iniciar el libro.

54- Rabino citado en el Talmud, que vivió hace 2.000 años.

55- Sabio y filósofo judío, 1135-1204 E.C.

56- Digo "en esa época" porque desde mi perspectiva, muchas de esas pruebas nosotros ya no somos capaces de comprenderlas en nuestro tiempo. Algunos dirían quizás que no las compartimos.

57- Otros físicos que hablan de esto piensan en un Universo Madre. Hawking elige uno basado en una interpretación muy específica de la mecánica cuántica, la interpretación conocida como "Many Worlds", postulada por Hugh Everett en 1957. Una de las consecuencias interesantes de esta teoría es que todo lo que pudiera haber ocurrido en el pasado, ocurrió en alguno de los mundos. Todo. Incluso cosas que rompen las leyes naturales, ya que las leyes naturales sólo me dicen que existen muchos más mundos entre estos mundos paralelos donde esas leyes se cumplen siempre, que mundos donde en algún momento estas leyes se rompen.

Hay muchas interpretaciones de la mecánica cuántica, la clásica siendo la interpretación de Copenhague; otra es la popular "consistent histories interpretation", y todavía otra es la interpretación de "de Broglie-Bohm" (Luis de Broglie (1892-1987) era un físico Francés, y sí, es "de Broglie") que plantea que existe una realidad determinista y que el indeterminismo que vemos es por fuerzas subatómicas extrañas.

58- Para que las misteriosas leyes de la mecánica cuántica empiecen a influir, el objeto debe ser muy pequeño, al menos del tamaño de un átomo. Si son más grande que eso, las leyes de la mecánica cuántica siguen siendo verdaderas, pero su efecto se transforma en demasiado pequeño.

59- Siempre es bueno recordar que todo esto son deducciones, pero no son teorías que estén probadas con experimentos. En general es importante saber que hay dos tipos de razonamiento científico: el realmente científico, y el que se deduce o se extrapola de lo que se sabe. Lo primero es innegable, ya que significa que hay experimentos. Sabemos que el paracetamol baja la fiebre. Ahora, la teoría de por qué baja la fiebre, podría ser una completa invención falsa, y eso es lo que una y otra vez se demuestra falso en la historia de la ciencia.

Como ejemplo, las ecuaciones de Maxwell, que son las ecuaciones de la electricidad y el magnetismo, parecían requerir que hubiera un medio (al que se le llamó "éter") donde el campo electromagnético pudiera vivir y propagarse. Hoy en día la gente escucha que Einstein fue el que destruyó la idea del éter, y piensan "sí, qué primitivos, creían que en todo el Universo había un material que se llamaba éter... jejeje... que chistosamente antiguo". Pero la verdad es que las ecuaciones simplemente gritaban por un éter. ¿Qué no se puede ver? Obvio que sí, cuando ves cualquier cosa, estás en realidad viendo el éter, ya que cuando uno ve algo, lo que ve es que el campo eléctrico alteró una neurona en el ojo, y como el campo eléctrico es una expresión del éter, estás viendo en realidad el éter! Y entonces ¿cómo uno puede negar algo así? ¿Qué hizo Einstein? Bueno, fue bastante sorprendente: si fuera verdad que hay un material que se llama éter, entonces las ondas eléctricas se desplazan sobre ese éter. Si yo me muevo con respecto a ese éter, en forma paralela a la onda eléctrica, debería ver que la onda se mueve más lento. Pero según Einstein eso no pasa, la onda se sigue moviendo a la velocidad de la luz, por lo tanto no puede existir un éter (porque como dijimos antes, si existiera un éter, la onda debería verse más lenta). ¿Se le habría ocurrido a Ud. esa forma de matar el éter? Y si no fuera por eso, todavía creeríamos que es obvio que el éter existe.

Esa es la diferencia entre ciencia y filosofía, que a veces se hace tan difícil de separar. La interpretación de los múltiples mundos es mucho más alejado incluso que el éter.

60- Ver el libro de Susskind (2006).

61- Esto es para no obscurecer el argumento central, ya que para el argumento da lo mismo de qué tipo de multiverso estamos hablando.

62- En referencia a la trilogía de la película "The Matrix", que comenzó en 1999, donde se muestra un mundo generado en un computador y que se confunde con la realidad. Esta simulación computacional se llama la Matrix.

63- Ver el paper de Bostrom (2003)

64- Más sobre estas ideas en http://www.nickbostrom.com/

65- Paul Davies (2007)

66- Martin Rees, astrónomo inglés, ver http://www.edge. org/3rd_culture/rees03/rees_index.html

67- Stephen Hawking tiene el cuidado de decir que no están creando los multiversos sólo para solucionar el problema de la sintonización precisa de las constantes, ver en el capítulo 7 de "The Grand Design": "La idea del multiverso no es una noción inventada para explicar el milagro de la sintonización fina. Es una consecuencia de la condición "sin-borde" en conjunto con muchas otras teorías de la cosmología moderna". Es interesante notar que la condición que cita Hawking, la condición "sin-borde" que quiere imponer en las leyes de la naturaleza, no es una teoría aceptada universalmente, aunque Hawking es un gran campeón defensor de su idea. Y segundo, y más importante, Hawking mismo presenta su idea de "sin-borde" como una alternativa a un creador. Dice en el capítulo 6 de su libro: "Si el tiempo tiene un inicio, entonces alguien (Dios) tiene que haber puesto en marcha el tren". Y un par de párrafos más adelante, dice "Otros creen que el Universo tuvo un inicio, y utilizaban esto como un argumento por la existencia de un Dios. La idea de tratar el tiempo como el espacio (es decir, su condición "sin-borde", N.T.) presenta una nueva alternativa…y no necesita ser iniciada por un Dios". ¡Gran pensamiento circular, Stephen!

Sean Carroll, un físico de Caltech, argumenta este punto de otra forma:

"Postular un trillón de trillones de otros Universos, en vez de un Dios para explicar el orden del Universo, parece ser la cima de la irracionalidad. Eso pudiera ser cierto, incluso con la hipérbola, si lo que estuviéramos postulando fuera simplemente "un trillón de trillones de otros Universos". Pero eso es una falta de comprensión de lo que está pasando. Lo que postulamos no es multiversos, sino leyes de la física. Dada la inflación y la teoría de cuerdas...un multiverso debe existir, ya sea que te gusta o no" Ver "Does the Universe Need God?" http://preposterousuniverse.com/

Este argumento nuevamente es circular, ya que la inflación misma fue diseñada para evitar el argumento de la sintonización fina del Universo:

"Esto es, el modelo standard (del Big-Bang, N.T.) evoluciona del orden al caos, no al revés. El escenario inflacionario ofrece la solución más elegante propuesta hasta ahora para entender por qué el Universo está preparado tan sorprendentemente bien" (Peebles, 1993)

Incluso con esto, la inflación no es exitosa en su propósito, ya que como es bien sabido, la inflación misma también requiere de una portentosa sintonización de sus variables para poder funcionar (Liddle & Lyth, 2000), o como dice aquí Sean Carroll, en su página web "The Arrow of Time FAQ". A la pregunta "La inflación explica la baja entropía del Universo en sus orígenes?", responde lo siguiente:

"No por si mismo, no. Hacer que la inflación empiece requiere incluso niveles de entropía menores en el inicio que la teoría convencional del Big-Bang. Inflación hace el problema en uno peor." http://preposterousuniverse.com/eternitytohere/faq.html

El mismo Roger Penrose dice en su libro "The Road to Reality: A Complete Guide to the Laws of the Universe" (2004) en el capítulo 27:

"Hay algo fundamentalmente errado en tratar de explicar lo ordenado que estaba el Universo primitivo como resultado de un proceso de termalización (consecuencia del proceso inflacionario, N.T.)... Porque, si en realidad la termalización hace algo (como lograr que temperaturas en diferentes regiones más similares que lo que eran antes) entonces representa un definitivo aumento en la entropía. Por lo tanto, el Universo habría sido incluso más especial antes del proceso de termalización"

Para ver más acerca de este tema de los niveles bajos de entropía en el inicio del Big-Bang ver la caja "¿Cómo se podría confirmar la existencia de un multiverso?" (pág. 55)

68- El argumento que usamos aquí es similar al que usamos para entender la evolución. El Universo Madre no crea todos los Universos imaginables, así como la evolución no crea todas las propiedades imaginables en los seres vivos: sólo los posibles. Así también, el Universo Madre está construido para que nuestro Universo pueda surgir.

69- La geometría de un espacio es distinta a la de otro espacio si cuando uno sigue dos paralelas se comportan distinto. Por ejemplo, en una esfera, dos paralelas que parten perpendicular al ecuador se unen en el polo. En una silla de montar caballos, dos paralelas que partan debajo de la silla se separarán una de otra. Es decir, podrían haber espacios vacíos en los que si yo introdujera objetos y los dejara flotando dentro, se diferenciarían estos Universos en si estos objetos se juntarían o se separarían, y cuán rápido lo harían.

70- Un punto muy importante de entender aquí es que estamos yendo a la base del argumento de la sintonización precisa. El fenómeno de que las constantes estén perfectamente sincronizadas para que una estructura interesante pueda existir en el Universo, no es sorprendente simplemente porque existe un número que debe ser muy preciso, aunque así parezca al inicio.

Es sorprendente por una razón profunda: el número, el parámetro, permite ver rápida y gráficamente algo que quizás habría sido más difícil darse cuenta solo. Y es que hay muchísimas leyes distintas que podrían haber sido ciertas (en el caso de la sintonización de cada constante, cada ley está siendo marcada con un valor distinto de esta constante y por eso es más fácil de visualizar). Pero no tiene que ser ésta la única forma del argumento. Otra forma podría ser el hecho que necesito uno, dos o tres parámetros. ¿Por qué no necesito 1.000 parámetros?. ¿No podría ser?. ¿Por qué no distintas ecuaciones, quizás con los mismos parámetros (en vez de multiplicar el número, sumarlo, por ejemplo)?.

Ver el apéndice II para una discusión detallada de este tipo más fundamental del argumento de la sintonización.

De acuerdo a esto, lo que Hawking hace es reemplazar la sintonización perfecta en números por una en las leyes mismas. ¿Me hiciste un Universo Madre que me genera los 26 parámetros que necesito bien sintonizados?. ¿No podía generar quizás sólo 25 de los parámetros y que el 26avo no fuera variando?. ¿No podría haber generado los 26 parámetros pero nunca poder llegar a los números precisos que se necesitan para la sintonización perfecta que es necesaria?. A este reemplazo, este engaño filosófico, es lo que llamo mover el problema un nivel más arriba.

71- Estos nombres son inventados por mí por razones pedagógicas, pero la regla es una clásica regla de inferencia, como explicaremos en capítulos siguientes.

72- Como vimos anteriormente, una crítica que se puede hacer al argumento del diseño es que, si dijéramos que hay un Diseñador cuando vemos algo complejo, y ya que un Diseñador debe ser más complejo que lo diseñado, debe ser que el Diseñador es muy complejo y requiere de un Diseñador también. Y así infinitamente. La verdad es que, como vimos anteriormente, este no es un contraargumento para decir que no hay un Diseñador—a lo más sería un argumento de que no hay un Dios, un Diseñador no Diseñado, pero recordemos que en este libro sólo intentamos mostrar evidencia de que existe un Diseñador. En capítulos siguientes hablaremos más en extenso de este problema.

73- Estaremos usando el concepto de demostración y evidencia como lo definimos en los siguientes párrafos, y no necesariamente la definición de diccionario de estos términos.

74- El nombre que le puse a la regla es original, y la uso por una razón didáctica. En general, esa regla es un caso particular de las inferencias Bayesianas que se exploran en el Apéndice I.

75- El teorema de Bayes, llamado así por su autor, Thomas Bayes (1702–61). Su amigo Richard Price editó y presentó su trabajo en 1763, después de la muerte del autor, con el título "An Essay towards solving a Problem in the Doctrine of Chances". Price creía que el Teorema de Bayes ayudaba a probar la existencia de Dios y escribió lo siguiente en la introducción a su ensayo:

> "Mi propósito es pensar que razones tenemos para creer que hay, en la naturaleza de las cosas, leyes fijas de acuerdo a las cuales las cosas pasan, y que, por lo tanto, la existencia del mundo debe ser el efecto de la sabiduría y poder de una causa inteligente; y por lo tanto confirmar los argumentos por la causa final

por la existencia de una Deidad.Será simple ver que el problema inverso resuelto en este ensayo es muy directamente útil en este propósito; porque nos enseña, con gran precisión, que en cualquier caso de un orden particular o recurrencia de eventos, que razón existe para creer que ese orden o recurrencia proviene de causas estables o regulares de la naturaleza, y no por simple casualidad" –Philosophical Transactions of the Royal Society of London, 1763.

76- Recordemos que dividimos el pensamiento sobre la evolución en dos partes: el Hecho de la Evolución, que consiste en los registros fósiles y en su datación, aceptándolos como verdaderos para nuestro argumento. Eso puede ser explicado por un Diseñador que crea el mundo de esa forma, o con el argumento de la evolución. El Argumento de la Evolución, que también llamamos Evolución Materialista, propone explicar el Hecho de la Evolución en términos completamente materiales, sin la existencia de un Diseñador.

77- Para diferenciarla de deducción, donde uno puede lógicamente deducir una realidad de ciertos supuestos. Contrario a esto, inducción no es una deducción lógica, ni es obligatoria. Si yo veo que un auto está detenido y luego de 10 segundos está andando a 100 km/sg luego de sufrir una aceleración fija de 10km/sg. por cada segundo, uno podría inducir—no deducir—que 20 segundos después el auto estará andando a 200km/sg. ¡Pero en este caso estaría equivocado!.

78- David Hume (1711—1776) filósofo escosés, considerado una de las más importantes figuras de la filosofía occidental. A Hume se le agrupa normalmente con filósofos como John Locke (no confundir con el famoso filósofo y místico de la serie "Lost"), George Berkeley y otros empiricistas británicos.

Hume habla del problema de la inducción en un breve párrafo en el Libro I, Parte III, sección VI de su libro "A Treatise of Human Nature" (1739).

79- E.C. : Era Común

80- En el año 1665, a los 22 años de edad.

81- La Teoría de la Relatividad General de Einstein se transformó en la teoría más precisa que tenemos de la gravedad, superando la de Newton. Por lo tanto, ¡Newton no pudo haber demostrado su teoría, utilizando el lenguaje que usamos en este libro!

82- Para entender mejor cómo Einstein entiende que la curvatura del espacio y del tiempo producen gravedad, ver el hermoso libro de Wheeler, "A Journey into Gravity and Spacetime" (Wheeler, 1999)

83- Si hubiera una sustancia por la que la luz se propaga y uno se mueve con respecto a esta sustancia, la luz debería parecer moverse más lentamente (si uno va en la misma dirección de la luz). La Teoría de Einstein y los datos experimentales (en segundo orden de importancia...) demuestran que eso no pasa. Por lo tanto, el éter ya no tiene lugar.

Sin embargo, ver las siguientes fuentes: Paul Dirac, el fundador de la teoría cuántica de campos, planteó en un artículo en la revista Nature, titulado "Is there an Aether?" que "estamos en realidad forzados a tener un éter" (Dirac, Paul: "Is there an Aether?", Nature 168 (1951), p. 906) Sin embargo, Dirac nunca formuló su teoría en forma completa, y no fue incluido en el pensar común del científico.

En 1920, en una clase magistral que fue invitado a dar en la Universidad de su compañero Lorentz en Leiden, Einstein quiso reconciliar la teoría de la relatividad con el concepto del éter. En su clase, Einstein remarcó que la relatividad especial se llevó la propiedad mecánica del éter, la propiedad de ser inmóvil. Sin embargo, dijo que la relatividad especial no excluye la posibilidad de un éter, siendo utilizado éste para dar expresión real a la aceleración y rotación. Este concepto fue elaborado en forma completa en la Teoría de la Relatividad General, en la cual cualidades físicas son atribuidas al espacio, pero al que no se le puede atribuir substancia o movimiento. Ver "Ether and the Theory of Relativity" (1920) que se puede encontrar en http://www.tu-harburg.de/rzt/rzt/it/Ether.html.

84- David Deutsch, nacido en 1953 en Jaifa, Israel, es un físico israelí-británico de la Universidad de Oxford. Fue un pionero en el área de computadores cuánticos siendo el primero en formular una máquina de Turing cuántica y dar un algoritmo diseñado para funcionar en un computador cuántico.

85- Queremos mostrar que el mismo pensamiento lógico-matemático, donde la suma de los ángulos interiores de un triángulo es de 180 grados, y que parece tan sólido, en realidad tampoco lo es.

86- Euclides, matemático y geómetra griego (325 A.E.C – 265 A.E.C.), se le conoce como "El Padre de la Geometría", ya que sistematizó toda la geometría para construirla lógicamente de unos pocos axiomas y definiciones.

87- Es decir, incluso ahí podían haber errores.

88- Moritz Pasch (1843—1930) era un matemático alemán especialista en los fundamentos de la geometría. En el año 1882, Pasch publicó "Vorlesungen über neuere Geometrie", haciendo un llamado a afirmar las bases de la geometría en forma más precisa, con nociones y axiomas más básicos, y a tener un mayor cuidado con los métodos deductivos utilizados. Llamó la atención sobre una cantidad de asunciones tácitas en las demostraciones geométricas del libro de Euclides que antes nadie había hecho notar, como los que mostramos dentro del libro.

89- Y así entiende la fuerza de gravedad, ver nota 83.

90- Parménides de Elea, filósofo griego del siglo V A.E.C., fundador de la escuela eleática y padre intelectual de Platón.

91- Heráclito de Efesus, filósofo griego del siglo V A.E.C.

92- El solipsismo se conoce primero por el sofista presocrático Gorgias (483–375 BCE).

93- Ver mi libro "De un Diseñador a Dios".

94- Argumento muy utilizado por los ateos modernos. Con una gran fanfarria, Dawkins, un biólogo ateo, en el capítulo 4 de su libro "The God Delusion", anuncia su argumento de knockout para mostrar que "casi ciertamente no hay un Dios". Desafortunadamente para él, lo único que presenta ahí son una serie de refutaciones al argumento del diseño (refutaciones bastante malas y que demuestran un serio compromiso de su habilidad de comprender el argumento). Sin embargo, esas refutaciones, incluso si fueran correctas, no implicarían que Dios no existe. Entonces, ¿por qué comete ese error?. El mismo dice: si no hay evidencias de que Dios existe, creer en Él no es más racional que creer en el hada madrina. Por lo tanto, vemos que en general, el argumento de los ateos es que dado que no hay evidencias, no creer en Él es lo más racional. Nosotros estamos de acuerdo con eso en este libro. Ahora puede seguir leyendo, querido lector.

95- El concepto de explicación es un concepto filosófico muy complejo. Es un tema amplio, y yo aquí sólo voy a explicar lo necesario para entender lo que está en este capítulo.

Hoy en día encontramos dos grandes campos filosóficos acerca de qué es una explicación científica (Salomon 1998, pág 68). Una es la que utilizo en este libro, y se le conoce como la escuela unificacionista: partiendo con la teoría de Hempel (Hempel 1965), siguiendo con la evolución de Michael Friedman and Philip Kitcher (Kitcher

1993), todos ellos conocidos filósofos de la ciencia, se entiende por "explicación", lo siguiente:

1.tomar un hecho y ver cómo está ya incluido en alguna otra ley, como por ejemplo entender que las leyes de un gas ideal se pueden deducir de la teoría molecular de los gases. Esto es, reducir una teoría a otra. Otro ejemplo de este método sería si uno pudiera explicar leyes de la sociología a partir de la psicología.

2.Tomar un hecho aislado y tomar otro y mostrar que son parte de un mismo fenómeno (como tomar el movimiento de una manzana cayendo en la tierra y el movimiento de los planetas e integrarlos todos en una misma Ley de Gravedad).

"La idea que una explicación científica consiste en mostrar que fenómenos aparentemente dispares pueden ser vistos como fundamentalmente similares, ha existido por un tiempo, mucho antes de 1948. Sin embargo, fue Michael Friedman, en su "Explanation and Scientific Understanding" (1974), que parece haber sido el primer filósofo en articular este concepto en forma clara y que intento caracterizar sus detalles. Su tesis básica es que aumentamos nuestro entendimiento científico del mundo mientras podamos reducir el número de asunciones independientes requeridas para explicar los fenómenos naturales. Por fenómenos se refiere a regularidades en la naturaleza…"

"Causality and Explanation" (Salomon, 1998)

Un gran problema para entender este concepto es que lo que nosotros normalmente llamamos explicar, es encontrar la causa de algo. Preferimos creer que cuando explico que la luz se prendió porque yo apreté el interruptor, que la mano en el interruptor es la causa de que la luz se prenda, y no simplemente que están relacionados.

Esta pregunta de hecho genera la otra escuela filosófica sobre cómo comprender qué es una explicación científica, donde se identifica explicación con causa. Sin embargo, hay severos problemas con esta forma de comprender el concepto de "explicación", que se empezaron a desarrollar desde el análisis que hizo David Hume.

Por ejemplo, explicar el hundimiento del Titanic, dice esta posición filosófica, implica entender la causa por la cual se hundió: golpeó un iceberg. El ataque de Hume para este argumento sería así: ¿cómo sabemos que el choque con un iceberg rompe barcos?. Porque lo hemos visto pasar muchas veces. Nada más que eso. Dos rayos de luz que chocan no se hacen daño, un iceberg con un barco sí. Cada vez que vemos que eso pasa, el barco se hunde. Sólo sabemos de la causalidad porque lo hemos visto en repetidas ocasiones. Pero, Hume pregunta, ¿es eso una cosa obligatoria?. ¿Porque lo hemos visto muchas veces significa forzosamente que volverá a pasar?. No. Sólo sabemos que cada vez que vemos un fenómeno (como un iceberg chocando con un barco) veremos el barco hundirse. No vemos causa. No hay nada lógico que los una. Nada que fuerce a que choquen y se hundan. Sólo la repetición. El que creamos que vemos una causa es un efecto psicológico: como el salivar de los perros de Pavlov cuando suena el timbre. No es más que una unificación, donde veo que dos fenómenos están relacionados.

¿Cómo entender causalidad desde el punto de vista unificacionista? Podríamos decir que el juzgar algo como causa, simplemente refleja las relaciones explicativas que surgen de nuestros esfuerzos por construir una visión unificada de la naturaleza. No hay un orden causal independiente por sobre aquello que nuestras explicaciones realmente captan, a pesar de creer lo contrario. Pero esto en realidad es para otro libro. Por ahora, en este capítulo examinaremos las ramificaciones de la teoría unificacionista de las explicaciones.

En todo caso, tanto el filósofo Peter Railton (Railton, 1981) como el ilustre Salomon (Salomon, 1998) entienden que ambas escuelas son complementarias y deberían trabajar juntas.

96- La fuerza de gravedad nos permite entender tanto las órbitas de los planetas, como la caída de una manzana a la tierra.

97- Al unificar la electricidad con el magnetismo, se pudo ver que la luz era una onda del campo electromagnético, pudiendo por ejemplo, predecirse su velocidad.

98- Parece ser tan simple y elegante, y sin embargo la "naturaleza" eligió la mecánica cuántica como realidad más profunda.

99- Nos dice que si yo aplico fuerza sobre ti, tú aplicas la misma fuerza sobre mí. Si tú te caes del empujón y yo no, es porque estoy más preparado para recibir esa fuerza que tú.

100- De hecho, la búsqueda de la Teoría Final Unificada, que unifique todos los conceptos físicos y los haga salir de una teoría única y global, es la base de gran parte de la física teórica moderna.

101- Es decir, dadas las ecuaciones de Newton, puedo extraer de ahí la trayectoria de la bala, la forma que va a seguir el camino que la bala va a recorrer, y cuánto se va a demorar, etc. Todo eso está codificado dentro de las ecuaciones de Newton.

102- Uno podría imaginarse un Universo en el que hayan sólo ideas, y nada físico. El hecho que exista algo físico requiere explicación, unificación.

103- Según Platón, el movimiento en el cosmos es movimiento impartido por algo, que requiere que algo con movimiento propio lo mueva y lo mantenga moviendo. En el mito expuesto en el Timeo, al principio en el Universo sólo había:

1. materia informe y caótica,

2. ideas, que son perfectas,

3. el demiurgo, una divinidad,

4. espacio.

Platón nos cuenta que el demiurgo se compadece de la materia y copia en ella las ideas, obteniendo con ello los objetos que conforman nuestra realidad y generando el movimiento.

El movedor que nadie lo mueve es un concepto filosófico descrito por Aristóteles como la causa primera que pone al Universo en movimiento, sin ser movido por nada previo.

104- Ha tomado muchas formas y nombres distintos. Se entiende que hay las siguientes grandes formas que toma este argumento: por causalidad, por esencia, por ser, y por contingencia. Para aprender más de este argumento, ver el libro de William Lane Craig (Craig, 2001). Creo que el argumento que presento en este libro no cae en ninguna de las anteriores categorías, yo lo llamaría un argumento cosmológico por unificación.

105- Ver el libro de William Craig (The Kalam Cosmological Argument , 2000)

106- Estas aparentes paradojas no son tales, y se explicarán en el ejemplo que sigue del cono y las hormigas bidimensionales.

107- Que son dos: una me dice que la fuerza sobre un objeto es igual a la masa del objeto por su aceleración; y la otra nos informa del valor de la fuerza de gravedad, para cualquier objeto en cualquier posición.

108- No conozco alguien que haya usado las teorías modernas de explicación para reformular el argumento cosmológico como lo estoy haciendo. Puede ser, por lo tanto, que este argumento sea novedoso.

109- The Los Angeles Times, Saturday 2nd May 1992

110- Ross, 2001

111- Lederman, 2006

112- Townes, 1995

113- Se llaman virtuales porque son casi invisibles: aparecen y desaparecen antes de que uno pueda observarlas, pero generan efectos residuales, como el efecto Casimir, donde dos placas de metal posicionadas en forma paralela la una a la otra en el vacío, sienten una fuerza de repulsión o atracción generada por estas partículas virtuales. Ver Barrow (2000)

114- No es la nada como la que hay entre dos galaxias, ni la nada que se genera en una cámara de vacío. Es tan nada, que no hay espacio! Ni se lo trate de imaginar...

115- Ver por ejemplo http://arxiv.org/ftp/astro-ph/papers/0305/0305562.pdf donde ataca la idea de inflación eterna.

116- Ver capítulo 4 de su libro. Esta hipótesis es una de las formas que se usan para intentar entender qué pasó en el momento del Big-Bang. Según la teoría de Einstein, en el momento mismo del Big-Bang las leyes naturales se rompen (los números se van al infinito, en lenguaje técnico se produce una "singularidad") por lo que en realidad habría que esperar a desarrollar y testear una teoría de gravitación cuántica, donde uno podría esperar que esos infinitos desaparecieran. Por ahora, sólo podemos teorizar qué cosas podrían llegar a pasar en una teoría final. Una de esas opciones es la de Hawking, la de sin-bordes.

Estas teorías en general se conocen como Cosmología Cuántica. Pero son altamente teóricas y hay varias otras alternativas a esta propuesta, incluso dentro de la Cosmología.

117- Más precisamente, a-temporal. Muy difícil de describir, o de saber si esto resolvería el problema del Big-Bang realmente. Hawking parece confundir permanentemente dos problemas distintos en sus escritos: el primero, el que haya un Big-Bang, un tiempo antes del cual no hay tiempo (que su teoría de "sin-bordes" también tendría esta propiedad!) y que es la base intuitiva de la prueba de Dios a través del Big-Bang. Y la segunda, es que en el Big-Bang las leyes de la relatividad general se rompen, se produce una "singularidad". Hawking intenta una y otra vez igualar los dos problemas. La verdad es que el segundo, que es el que intenta resolver con su teoría de sin-bordes, no afecta en lo absoluto al primero, que es el verdadero problema!

Como lo pone Hawking (1988, 156) en un celebrado párrafo:

> "Mientras el Universo tenga un inicio, podemos suponer que tenía un creador. Pero, si el Universo es realmente autocontenido, sin bordes o límites, sin un inicio ni un final; si simplemente fuera. ¿Qué lugar habría entonces para un creador?"

Puedes ver tú mismo, querido lector, la confusión que hay entre los dos argumentos planteados en estas líneas de Hawking.

118- A pesar de que la Teoría General de la Relatividad predice una singularidad en el Big-Bang, todavía es posible que una teoría más completa de la gravedad cuántica reemplace la singularidad por un período de transición en un Universo eterno. Por ejemplo, cosmologías de rebote, donde un Universo rebota entre un Big-Bang y un

Big-Crunch (Gasperini and Veneziano "Pre-big-bang in string cosmology" (Astroparticle Physics, Volume 1, Issue 3, p. 317-339, 1993), cosmologías cíclicas donde hay una infinita cantidad de épocas separadas por Big-Bangs (P.J. Steinhardt, N. Turok (2001). "A Cyclic Model of the Universe". Science 296 (5572): 1436–1439), y Universos Bebé (Carroll and Chen 2004, http://arxiv.org/abs/hep-th/0410270).

119- Las leyes físicas que conocemos, se quiebran en el Big-Bang, con los números físicos clásicos como la temperatura, la densidad de energía, y otras, yéndose a infinito.

120- Pero el problema más fundamental de quién creó el Universo, sigue abierto, incluso si descubro que desde el inicio de él se cumplen todas las leyes naturales

121- Ver la página de Flat Earth Society, http://theflatearthsociety.org/cms/

122- Un Dios que sea bueno, omnipotente, omnisciente, que le interese la moral, y todas las implicancias que tiene la palabra Dios en nuestro lenguaje normal.

123- Fine-tuning significa "muy afinadamente sintonizado".

124- Ver el libro de Leonard Susskind (Susskind, 2005) o el de Lee Smolin (Smolin, 1999).

125- Si fuera un número N finito pero grande, sería más complejo, porque tendríamos que saber qué "mecanismo" hizo que hubiera N y no más o menos, o cómo se eligió N.

126- Lo que se conoce en física moderna como bosones, y un ejemplo de ellos son las partículas de luz o fotones, que pueden cruzarse sin chocar.

127- Que es la típica forma que tiene el sentido común de mirar el mundo físico, con masas y fuerzas, tal como se estudia en el colegio, y que se contrapone a la mecánica cuántica, donde el mundo contradice la percepción intuitiva.

128- Uno de los primeros logros de la mecánica cuántica fue explicar la estabilidad del átomo: ¿por qué no irradian los electrones del átomo mucha energía hasta que el electrón deje de volar y se pegue con el protón?

129- Francis Crick, físico premio Nobel de Medicina en 1962 por su descubrimiento, junto con Watson y Wilkins, de la estructura del ADN.

130- El ARN es el ácido ribonucléico, similar al ADN en ciertas cosas, pero con diferencias.

131- Las bases son las letras con las que se forma por ejemplo el ADN, donde las bases son las A, T, G y C. En el ARN, en vez de la T (timina) existe el uracilo.

132- Burrhus Frederic Skinner, 1904-1990, creador de la escuela psicológica del conductismo.

Made in United States
North Haven, CT
30 January 2022

15432874R00102